CARL R. ROGERS

Encounter-Gruppen

Das Erlebnis
der menschlichen Begegnung

verlegt bei Kindler

Aus dem Amerikanischen übertragen von Erika Nosbüsch
Die Originalausgabe erschien im Verlag Harper & Row, Publishers, New York,
Evanston and London, unter dem Titel CARL ROGERS
ON ENCOUNTER GROUPS

© Copyright 1970 by Carl R. Rogers
© Copyright der deutschsprachigen Ausgabe 1974 by Kindler Verlag GmbH, München
Alle Rechte vorbehalten, auch die des teilweisen Abdrucks, des öffentlichen Vortrags und der
Übertragung in Rundfunk und Fernsehen
Redaktion: M. Kluge
Korrekturen: M. Flach
Umschlaggestaltung: H. Numberger
Gesamtherstellung: Welsermühl, Wels
Printed in Austria
ISBN 3 463 00571 9

Inhaltsverzeichnis

Vorwort 7

1. Ursprung und Ziel des Trends zur »Gruppe« 9

2. Der Prozeß der Encounter-Gruppe 22

3. Kann ich in einer Gruppe eine fördernde Funktion haben? . 50

4. Veränderungen durch Encounter-Gruppen:
bei Personen, Beziehungen und Organisationen 76

5. Eine Person verändert sich: Wie der Prozeß erfahren wird . 92

6. Die einsame Person – und ihre Erfahrungen in einer
Encounter-Gruppe 113

7. Was wir aus der Forschung wissen 123

8. Anwendungsbereiche 139

9. Die Ausbildung von Gruppenleitern 147

10. Was bringt die Zukunft 155

Register 165

Vorwort

Seit mehr als fünfunddreißig Jahren sind die Psychotherapie und die individuelle Beratung der Mittelpunkt meines Berufslebens. Aber vor nahezu fünfunddreißig Jahren erfuhr ich, welche Veränderungen der Einstellungen und des Verhaltens in einer Gruppe erreicht werden können. Seither interessiert mich dieses Phänomen. Doch erst in den letzten sieben oder acht Jahren wurde es einer der beiden wichtigsten Brennpunkte meiner Arbeit – der andere ist die unbedingte Notwendigkeit größerer Freiheit innerhalb unserer erzieherischen Institutionen.

In diesen letzten Jahren habe ich über die vielfältigen Aspekte der wachsenden Bewegung zu den Encounter-Gruppen Arbeiten geschrieben und Vorträge gehalten. Ich werde ständig gefragt, was in einer Gruppe eigentlich geschieht, wie meine Arbeit aussieht und was die ganze Bewegung impliziert.

Daher beschloß ich, meine früheren Reden und Schriften zusammen mit neuem, für diesen Zweck geschriebenem Material in einem Buch zu vereinen. Ich hoffe, daß es zu einer ernsthaften Analyse und Klärung der Differenzen hinsichtlich dieses unglaublich expandierenden Trends anregt.

Wie alle meine späteren Bücher ist auch dieses ein ausgesprochen persönliches Dokument. Es soll weder eine gelehrte Betrachtung des Gebiets noch eine tiefgründige psychologische oder soziologische Analyse der Encounter-Gruppen sein. Es wird sich nicht einmal eingehend mit Spekulationen über die Zukunft der Encounter-Gruppe befassen, da diese Bewegung meiner Ansicht nach stark genug ist, um auf ihre Weise ihre eigene Zukunft zu gestalten. Dieses Buch wurde aus lebendiger, persönlicher Erfahrung geschrieben, und die Menschen, deren Leben es beschreibt und deren Aussagen es wiedergibt, sind lebendige und kämpfende Menschen. Ich hoffe, es wird Ihnen *meine* Vorstellung über eine der aufregendsten Entwicklungen unserer Zeit vermitteln: die intensive Gruppenerfahrung. Und ich hoffe, es wird dazu beitragen, Sie mit dem vertraut zu machen, was eine Encounter-Gruppe *ist* und was sie *bedeuten* kann.

1.
Ursprung und Ziel des Trends zur »Gruppe«

Diese Überschrift mag seltsam klingen. Es ist klar, daß es immer Gruppen gab und geben wird, solange der Mensch auf diesem Planeten lebt. Aber ich benutze das Wort in einem speziellen Sinne, und zwar meine ich die geplante, intensive Gruppenerfahrung, die meiner Ansicht nach eine der ganz großen *sozialen* Erfindungen dieses Jahrhunderts und vermutlich die mächtigste überhaupt ist. Diese Erfindung hat viele Namen: »T-Gruppe«, »Encounter-Gruppe«, »Sensitivitäts-Training« sind die bekanntesten. Manchmal werden diese Gruppen als Laboratorien für menschliche Beziehungen oder Workshops für Beratung, Erziehung oder Führung bezeichnet. Gruppen, die sich mit Rauschgiftsüchtigen befassen, heißen bisweilen Synanons – nach der Synanon-Organisation und ihren Methoden.

Ein Element, das dieses Phänomen einer psychologischen Untersuchung wert erscheinen läßt, ist die Tatsache, daß es völlig außerhalb des »Establishments« entstanden ist. An den meisten Universitäten wird es immer noch geringschätzig betrachtet. Bis vor zwei oder drei Jahren waren weder Stiftungen noch Regierungsstellen bereit, irgendwelche Forschungsprogramme in diesem Bereich zu unterstützen. Die etablierte klinische Psychologie und die Psychiatrie verhielten sich neutral, während die politische Rechte überzeugt ist, daß es sich bei diesem Phänomen nur um eine kommunistische Verschwörungsaktion handeln kann. Ich kenne nur wenige andere Trends, die so eindeutig die Bedürfnisse und Wünsche von Menschen statt von Institutionen ausdrücken. Diese Bewegung wuchs und gedieh trotz des kompakten gegnerischen Drucks und hat sich inzwischen in allen Teilen des Landes und in den meisten modernen Organisationen ausgebreitet. Sie hat ganz offensichtlich wichtige soziale Bedeutungen. In diesem Kapitel werde ich unter anderem einige der Gründe für ihr überraschend schnelles und spontanes Wachsen erörtern.

Diese Gruppen haben in ganz verschiedenen Umgebungen funktioniert – in der Industrie, in Kirchengemeinden, an Universitäten und Regierungsstellen, in Erziehungseinrichtungen und Besserungsanstalten. Eine erstaunliche Vielzahl von Personen hat an dieser Gruppenerfahrung teilgenommen. Es gab Gruppen für die Direktoren großer

Konzerne und Gruppen für kriminelle und gefährdete Jugendliche. Andere Gruppen bestanden aus College-Studenten und Fakultätsmitgliedern, aus Beratern und Psychotherapeuten, aus Ehepaaren und Familien mit Eltern und Kindern, aus überzeugten Rauschgiftanhängern, Sträflingen und Krankenschwestern, aus Erziehern, Schulverwaltern und Industriemanagern, aus Gesandten der Regierung und Finanzbeamten.

Die geographische Verbreitung dieser rasch expandierenden Bewegung reichte von Bethel, Maine, bis San Diego, Kalifornien, und von Seattle bis Palm Beach. Auch in einer Reihe von anderen Ländern wie England, Frankreich, Holland, Australien und Japan gab und gibt es diese Intensiv-Gruppen.

Ursprung

Schon vor 1947 entwickelte Kurt Lewin, ein berühmter Psychologe am *Massachusetts Institute of Technology* (MIT), zusammen mit seinen Mitarbeitern und Studenten die Idee, daß die Ausbildung der Fähigkeiten zu menschlichen Beziehungen eine wichtige, aber vernachlässigte Kategorie der Erziehung in der modernen Gesellschaft ist. Die erste sogenannte T-Gruppe (T steht für Training) wurde 1947, kurz nach Lewins Tod, in Bethel, Maine, gebildet. Lewins Mitarbeiter setzten die Arbeit an diesen Trainings-Gruppen zunächst am MIT und später an der *University of Michigan* fort. Die Sommergruppen in Bethel wurden bald berühmt. Man gründete eine Organisation, die *National Training Laboratories*, mit Sitz in Washington, D. C., die sich in den vergangenen zwei Jahrzehnten ständig vergrößerte. Der erste Anstoß für NTL-Gruppen kam von der Industrie und erstreckte sich auf Manager und Geschäftsführer. Diese Richtung entwickelte sich zuerst, weil sich die Industrie die Kosten solcher Gruppenerfahrung für ihr Spitzenpersonal leisten konnte.

Die Gruppen entsprachen anfänglich ihrer Bezeichnung als Trainings-Gruppen. Die Mitglieder lernten das Wesen ihrer Interaktionen mit anderen und den Gruppenprozeß beobachten, um ihr eigenes Funktionieren in einer Gruppe und bei der Arbeit besser verstehen und mit schwierigen interpersonalen Situationen leichter fertig werden zu können.

In den von NTL für die Industrie und später in vielen anderen Bereichen organisierten T-Gruppen stellte man fest, daß Individuen innerhalb der vertrauenerweckenden fürsorglichen Beziehung, die zwischen den Teilnehmern entstand, oft sehr tiefe persönliche Erfahrungen über das Wesen der Veränderung machten.

Eine andere Phase der Bewegung zur intensiven Gruppenerfahrung bahnte sich ungefähr zur gleichen Zeit an der *University of Chicago* an. Meine Mitarbeiter und ich befaßten uns 1946 und 1947, also kurz nach dem Zweiten Weltkrieg, am *Counseling Center* der *University of Chicago* mit der Ausbildung persönlicher Berater für die Kriegsopferversorgung. Man bat uns, einen kurzen, aber intensiven Trainingskurs zu entwickeln, der diese Männer – die alle mindestens einen akademischen Grad besaßen – auf ihre Aufgabe als wirkungsvolle persönliche Berater im Umgang mit den Problemen der zurückgekehrten GIs vorbereiten sollte. Wir waren der Auffassung, daß kognitives Training sie in keiner Weise auf diese Aufgaben vorbereiten konnte, und so experimentierten wir mit einer intensiven Gruppenerfahrung. Die Trainierenden fanden sich mehrere Stunden am Tag zusammen, um sich besser verstehen zu lernen und sich der Einstellungen bewußt zu werden, die in der Beratungsbeziehung zu Fehlschlägen führen können. Sie sollten in einer Weise in Beziehung zueinander treten, die ihnen bei ihrer Beratungsarbeit nützlich sein konnte. Es war dies ein Versuch, das kognitive Lernen und das Lernen durch Erfahrung in einem Prozeß zu verbinden, der für das Individuum therapeutischen Wert hatte. Dieser Prozeß vermittelte den Gruppenmitgliedern tiefe, wichtige Erfahrungen und erwies sich in der Folge als so erfolgreich, daß wir das Verfahren auch nach der Ausbildung der persönlichen Berater in Sommer-Workshops weiter benutzten.

Wir versuchten in unserer Chikagoer Gruppe nicht, diesen Ansatz weiter auszubauen; er ist hier nur erwähnt worden, weil das Chikagoer Experiment mit der Zeit in der gesamten Bewegung der intensiven Gruppenerfahrung aufging. Die Chikagoer Gruppen waren in erster Linie auf persönliches Wachsen, auf Entwicklung sowie auf Verbesserung interpersonaler Kommunikation und Beziehungen ausgerichtet und mehr therapeutisch-empirisch orientiert als die Gruppen, die in Bethel ins Leben gerufen wurden. Im Laufe der Jahre verschmolz diese Orientierung zum persönlichen und therapeutischen Wachsen mit der Ausbildung der Fähigkeiten zu menschlichen Beziehungen (»training in human relations skills«), und beide zusammen bildeten den Kern der Bewegung, die sich inzwischen im ganzen Land rapide ausbreitet.

Der begriffliche Unterbau dieser Bewegung bestand also anfänglich aus dem Denken Lewins und der Gestaltpsychologie einerseits und der klientbezogenen Therapie andererseits. In den letzten Jahren haben viele andere Theorien und Einflüsse eine Rolle gespielt.

Unterschiedliche Akzente und Formen

Mit zunehmendem Interesse an der intensiven Gruppenerfahrung und wachsender Verbreitung der Bewegung entwickelte sich eine große Vielfalt an Formen und Akzenten. Die nachstehende Aufzählung mit ihren kurzen Beschreibungen vereinfacht die Situation zweifellos, aber vielleicht gibt sie eine Vorstellung von den zahlreichen Variationen, die sich anbieten.

T-Gruppen (»training groups«). Wie bereits erwähnt, wurde in ihnen ursprünglich die Ausbildung der Fähigkeiten zu menschlichen Beziehungen in den Vordergrund gestellt, aber dieser Ansatz ist inzwischen breiter geworden.

Encounter-Gruppen (»encounter groups or basic encounter groups«). Sie betonen mehr das persönliche Wachsen sowie die Entwicklung und Verbesserung der interpersonalen Kommunikation und Beziehungen durch einen Erfahrungsprozeß.

Sensitivitäts-Trainings-Gruppen (»sensitivity training groups«). Sie können den oben beschriebenen Gruppen ähneln.

Aufgaben-bezogene Gruppen (»task-oriented groups«). Sie werden hauptsächlich in der Industrie abgehalten und konzentrieren sich auf die Aufgabe der Gruppe im interpersonalen Kontext.

Sinnesbewußtheits-Gruppen (»sensory awareness groups«) und *Körperbewußtheits-Gruppen* (»body awareness groups«). Wie die Bezeichnungen erkennen lassen, betonen diese Gruppen die physische Bewußtheit und den Ausdruck durch Bewegung, spontanen Tanz und ähnliches.

Kreativitäts-Workshops (»creativity workshops«). Hier bilden der kreative Ausdruck durch verschiedene Kunstmedien, die individuelle Spontaneität und die Freiheit des Ausdrucks Mittelpunkt und Ziel.

Organisatorische Entwicklungs-Gruppen (»organizational development groups«). Ihr oberstes Ziel ist die Förderung der Führungsqualitäten einer Person.

Team-Aufbau-Gruppen (»team building groups«). Mit ihrer Hilfe versucht man in der Industrie, besser zusammenhaltende und damit leistungsfähigere Arbeitsteams zu schaffen.

Gestalt-Gruppen (»Gestalt groups«). Sie gehen aus von einem gestalttherapeutischen Ansatz, bei dem ein erfahrener Therapeut sich von einem diagnostischen und therapeutischen Standpunkt aus jeweils auf ein Individuum einzeln konzentriert.

Synanon-Gruppen oder »Spiel« (»Synanon groups or ›game‹«). Entwickelt von der Synanon-Organisation bei Behandlung von Rauschgiftsüchtigen. Sie versuchen mitunter, die Abwehr der Teilnehmer gewaltsam zu brechen.

Neben den unterschiedlichen Ansätzen sollte man aber auch einige der differenzierten Gruppenformen erwähnen. Es gibt »Fremd«-Gruppen (»stranger groups«), deren Teilnehmer einander nicht kennen. Und es gibt Betriebs-Gruppen (»staff groups«) von einer Organisation, zusammengesetzt aus Personen, die im gleichen Betrieb, bei der gleichen Behörde oder in welchem Tätigkeitsbereich auch immer täglich miteinander verkehren. Daneben gibt es große Workshops oder *»Labs«*, in denen eine Anzahl kleiner Gruppen gleichzeitig abgehalten werden kann, wobei jede ihre eigene Kontinuität behält, während der ganze Workshop sich häufig zu irgendeinem gemeinsamen Erlebnis trifft, etwa einem Gespräch oder anderen kognitiven Sitzungen. Man findet Gruppen, in denen sich Ehepaare in der Hoffnung treffen, durch gegenseitige Hilfe die ehelichen Beziehungen verbessern zu können. Eine neuere Entwicklung ist die Familien-Gruppe, bei der sich mehrere Familien in einer Gruppe zusammenfinden; hier lernen die Eltern von ihren eigenen und anderen Kindern und umgekehrt.

Unterschiede gibt es auch in bezug auf die Zeit. Die meisten Gruppen treffen sich intensiv für ein Wochenende, eine Woche oder mehrere Wochen. In manchen Fällen finden die Gruppensitzungen ein- bis zweimal wöchentlich statt. Daneben gibt es die Marathon-Gruppen, in denen man sich für vierundzwanzig Stunden oder länger trifft [1]).

Generelle Merkmale

Eine einfache Beschreibung der Vielfältigkeit auf diesem Gebiet führt zwangsläufig zu der Frage, wieso man diese verschiedenen Entwick-

---

[1]) Erwähnenswert ist vielleicht noch, daß »Nackt-Marathons«, bei denen sich die Teilnehmer der Kleidung entledigen können, eine gewaltige Publizität erlangt haben, obwohl sie sicherlich höchstens ein Zehntel Prozent aller Intensiv-Gruppen ausmachen.

lungen als zusammengehörig betrachten soll. Gibt es irgendwelche gemeinsamen Merkmale, die diese weit voneinander abweichenden Aktivitäten und Akzente verbinden? Meiner Ansicht nach gehören sie zusammen, und alle lassen sich als Konzentration auf die intensive Gruppenerfahrung klassifizieren. Daneben haben sie alle bestimmte ähnliche äußere Merkmale. Die Gruppe ist fast immer klein (acht bis achtzehn Mitglieder), sie ist relativ unstrukturiert und sucht sich ihre eigenen Ziele und persönlichen Richtungen. Die Erfahrung schließt oft, wenn auch nicht immer, eine kognitive Energiezufuhr ein – Material, das der Gruppe dargelegt wird. In fast allen Fällen besteht die Verantwortlichkeit des Leiters in erster Linie darin, den Ausdruck von Gefühlen und Gedanken seitens der Gruppenmitglieder zu erleichtern. Der Gruppenleiter und die Gruppenmitglieder konzentrieren sich auf den Prozeß und auf die Dynamik der unmittelbaren persönlichen Interaktionen. Dies sind einige jener identifizierenden Merkmale, die ziemlich leicht zu erkennen sind.

Es gibt aber auch einige praktische Hypothesen, die von all diesen Gruppen gemeinsam vertreten und ganz unterschiedlich formuliert werden können. Hier ist eine solche Formulierung:

In einer Gruppe läßt sich ein psychologisches Klima der Sicherheit herstellen, in dem sich nach und nach die Freiheit des Ausdrucks und die Reduktion der Abwehr einstellen.
In einem solchen psychologischen Klima werden viele unmittelbare Gefühlsreaktionen eines jeden Mitglieds gegenüber den anderen und eines jeden Mitglieds gegenüber sich selbst ausgedrückt.
Ein Klima gegenseitigen Vertrauens entwickelt sich aus dieser wechselseitigen, gemeinsamen Freiheit, echte positive wie negative Gefühle auszudrücken. Jedes Mitglied gelangt zu größerer Akzeptierung seines totalen emotionalen, intellektuellen und physischen Seins, so wie es *ist*, einschließlich seines Potentials.
Für Individuen, die weniger durch Abwehr-Rigidität gehemmt sind, wird die Möglichkeit einer Veränderung der persönlichen Einstellungen und des Verhaltens weniger bedrohlich.
Mit verminderter Abwehr-Rigidität können Individuen einander besser verstehen und in größerem Maße voneinander lernen.
Es entwickelt sich eine Rückkoppelung (»feedback«) von einer Person zur anderen, so daß jedes Individuum erfährt, wie es den anderen erscheint und welchen Einfluß es auf interpersonale Beziehungen hat.

Diese größere Freiheit und verbesserte Kommunikation führt zu neuen Ideen, neuen Konzepten und neuen Richtungen. Innovation kann eher zu einer wünschenswerten als zu einer bedrohlichen Möglichkeit werden.

Das Lernen in der Gruppe wirkt sich nach der Gruppenerfahrung zeitweilig oder auch dauerhaft auf die Beziehungen zu Ehegatten, Kindern, Studenten, Untergebenen, Ebenbürtigen und sogar Überlegenen aus.

Diese Darstellung grundlegender Aspekte der Gruppenerfahrung trifft wahrscheinlich auf den größten Teil aller Gruppen zu, nicht jedoch auf Situationen, wie man sie in der Gestalttherapie und anderen Gruppen findet, bei denen der Leiter eine viel größere Verantwortung hat und viel mehr manipuliert.

Es sei noch erwähnt, daß der Stil des Leiters und sein eigenes Konzept des Gruppenprozesses für die Erfahrung und das Verhalten der Gruppe ausschlaggebend sind. Man hat festgestellt, daß der Prozeß in führerlosen Gruppen, wo sich mehrere Personen einfach zusammenfinden, ohne eine Person zum Gruppenleiter zu bestimmen, ähnlich der oben gegebenen Beschreibung verläuft. Daher könnte man sagen, daß Variationen dieses Prozesses häufig von Stil oder Standpunkt des Gruppenleiters abhängen.

Der Gruppenprozeß

Im nächsten Kapitel werde ich versuchen, ein etwas detailliertes Bild vom Gruppenprozeß zu geben; hier möchte ich nur ganz kurz und allgemein auf diesen Prozeß eingehen.

Aufgrund der unstrukturierten Natur der Gruppe ist das Hauptproblem der Teilnehmer die Frage, wie sie die gemeinsame Zeit nutzen sollen – ob es nun die achtzehn Stunden eines Wochenendes oder die vierzig oder mehr Stunden einer einwöchigen Gruppe sind. Häufig sind sie zunächst ängstlich und irritiert. Erst nach und nach wird offensichtlich, daß es das Hauptziel fast aller Mitglieder ist, Mittel und Wege zu finden, um Beziehungen zu anderen Gruppenmitgliedern und zu sich selbst aufzunehmen. Je mehr sie zunächst zögernd und ängstlich ihre Gefühle und Einstellungen zueinander und zu sich selbst erforschen, desto deutlicher wird es, daß sich jeder zuerst hinter Fassaden und Masken versteckt hatte. Die wahren Gefühle und die wahren Personen zeigen sich nur ganz vorsichtig, bis der Kontrast zwischen der äußeren Schale und der inneren Person im Laufe der Stunden immer offenkundiger wird. Allmählich baut sich eine echte Kommunikation auf, und die Person, die bislang durch eine Mauer von der anderen getrennt war, kommt plötzlich mit Teilen ihrer tatsächlichen Gefühle heraus. Gewöhnlich ging sie von der Einstellung aus, daß ihre wirklichen Gefühle für die anderen Mitglieder der Gruppe nicht akzeptabel sind. Aber dann stellt sie mit Erstaunen fest, daß man sie um so mehr akzeptiert, je wirklicher sie wird. Negative Gefühle sind häufig besonders gefürchtet, da jedes Individuum davon überzeugt ist, daß sein Haß und seine eifersüchtigen Gefühle von den anderen unmöglich akzeptiert werden können. So entwickelt sich langsam ein Gefühl der Zuversicht und des Vertrauens, ein Gefühl der Wärme und der Zuneigung gegenüber den anderen Mitgliedern der Gruppe. Samstags nachmittags sagt eine Frau: »Wenn mir Freitag abend jemand gesagt hätte, daß ich heute alle Mitglieder dieser Gruppe gern habe, dann hätte ich ihn für verrückt erklärt.« Teilnehmer einer Gruppe fühlen eine Nähe und eine Intimität, die sie nicht einmal ihren engsten Freunden oder den einzelnen Familienmitgliedern gegenüber empfinden, weil sie sich in der Gruppe tiefer und vollständiger offenbart haben als gegenüber ihren eigenen Angehörigen.

In einer solchen Gruppe lernt das Individuum sich selbst und jeden anderen umfassender kennen, als dies gewöhnlich in der gesellschaftlichen oder beruflichen Beziehung möglich wäre. Es lernt die anderen Mitglieder und sein eigenes, inneres Selbst kennen, jenes Selbst, das meist hinter einer Fassade verborgen ist. Daher fällt es ihm innerhalb der Gruppe und später in alltäglichen Situationen leichter, Beziehungen zu anderen herzustellen.

Wie erklärt sich die schnelle Verbreitung?

Ich glaube, es gibt heute kaum noch eine mittlere oder größere Stadt in unserem Land, in der nicht die eine oder andere Art von Intensiv-Gruppe zu finden wäre. Es ist nahezu unglaublich, mit welcher Geschwindigkeit sich das Interesse an diesen Gruppen ausgebreitet hat. Als ich vor ungefähr einem Jahr in einer Stadt im Westen vor einem großen Kreis von Zuhörern sprechen sollte, fragte ich den Mann, der die Veranstaltung organisiert hatte, wie groß der Prozentsatz der Zuhörer mit Erfahrung in Encounter-Gruppen oder ähnlichen Gruppen seiner Meinung nach sei. Er meinte, höchstens dreißig Prozent. Nach einer kurzen Beschreibung einer solchen Gruppe und der Aufzählung verschiedener Gruppenbezeichnungen bat ich die Zuhörer, die Erfahrung mit derlei Gruppen hatten, die Hand zu heben. Von den zwölfhundert Anwesenden meldeten sich ungefähr drei Viertel. Ich bin sicher, daß es vor zehn Jahren nicht einmal fünfzig gewesen wären.

Was die schnelle Verbreitung noch erstaunlicher macht, ist die völlig unorganisierte Spontaneität, mit der die Bewegung um sich griff. Im Gegensatz zu den schrillen Stimmen der Rechten (auf die ich später zurückkomme) handelte es sich dabei nicht um eine »Verschwörung«. Ganz im Gegenteil. Keine Gruppe oder Organisation hat die Entwicklung der Encounter-Gruppen gefördert; weder irgendeine Stiftung noch die Regierung haben sie finanziert. Viele orthodoxe Psychologen und Psychiater beobachteten die Entwicklung voller Mißtrauen. Dennoch wuchs die Anzahl der Gruppen in Kirchen, Colleges und in der Industrie. Mitarbeiter unseres *Center for Studies of the Person* stellten kürzlich ein Sommerprogramm für die Ausbildung von Gruppenleitern zusammen, das jeweils zwei angehenden Leitern unter anderem auch die Möglichkeit bieten sollte, an mehreren aufeinanderfolgenden Wochenenden gemeinsam eine Gruppe zu leiten. Um Teilnehmer für diese Gruppen zu finden, verschickten sie eine bescheidene Anzahl von Einladungen an Adressen im Raum San Diego. Für die Gruppen wurde weder Werbung betrieben noch berichtete die Presse über diese Möglichkeit. Der einzige ungewöhnliche Anreiz an der Einladung war, daß die Teilnehmer nur für Wohnen und Essen sowie für die Anmeldung bezahlen mußten. Zusätzliche Kosten entstanden nicht, da ausdrücklich vermerkt war, daß die Führung der Gruppen von angehenden Gruppenleitern übernommen werden sollte. Ich war zunächst der Ansicht, daß sich bei so geringer Publicity kaum genügend Leute melden würden. Aber zu meinem Erstaunen meldeten sich für das erste Wochenende sechshundert und für das zweite achthundert Personen.

Wie läßt sich die schnelle Verbreitung der Gruppen erklären? Wie die offenbar gewaltige Nachfrage? Ich glaube, daß dieses Bedürfnis aus zwei Elementen erwächst. Das erste ist die zunehmende Enthumanisierung unserer Gesellschaft, in der der Mensch nichts zählt – in der allein seine Steuer- und Sozialversicherungsnummer wichtig sind. Diese unpersönliche Qualität bestimmt alle Institutionen in unserem

Land. Das zweite ist, daß wir wohlhabend genug sind, um uns selbst um unsere psychologischen Wünsche zu kümmern. Solange ich mir Sorgen machen muß, wie ich die nächste Miete bezahlen soll, bin ich mir meiner Einsamkeit nicht sonderlich bewußt. So ist das Interesse an Encounter-Gruppen oder anderen Gruppen in Ghettogebieten bei weitem nicht so groß wie in Teilen der Bevölkerung, die sich keine so großen Sorgen mehr um die physischen Notwendigkeiten des Alltags machen müssen.

Aber wie sieht das psychologische Bedürfnis aus, das die Leute zu den Encounter-Gruppen hinzieht? Ich glaube, es ist ein Hunger nach etwas, das der Mensch weder in seiner Arbeitswelt noch in seiner Kirche und ganz sicher nicht in seiner Schule oder auf seinem College findet. So traurig das auch sein mag – er findet es nicht einmal im modernen Familienleben. Es ist der Hunger nach engen und wirklichen Beziehungen, in denen Gefühle und Emotionen spontan, ohne Angst und Vorsicht, ausgedrückt werden können, in denen tiefe Erfahrungen – Enttäuschungen und Freuden – geteilt und neue Arten des Verhaltens gewagt und ausprobiert werden können. Kurz, der Hunger nach Beziehungen, die ihn dem Zustand näherbringen, in dem alles bekannt ist und alles akzeptiert wird und weiteres Wachsen möglich wird. Dies scheint mir das übermächtige Verlangen zu sein, das der Mensch durch seine Erfahrungen in einer Encounter-Gruppe zu stillen hofft.

Angst vor der Bewegung

Alle Arten von Intensiv-Gruppen waren und sind Ziel heftiger Angriffe des rechten Flügels und reaktionärer Gruppen. Sie stellen für diese Leute eine Form der »Gehirnwäsche« und der »Denkkontrolle« dar, eine kommunistische Verschwörung und ein Komplott der Nazis. Die abgegebenen Erklärungen sind lächerlich extrem und häufig widersprüchlich. Man kann durchaus sagen, daß diese Bewegung häufig als eine der größten Gefahren bezeichnet wird, die unser Land bedrohen.

Wie bei solchen Angriffen üblich, vermischt sich in ihnen ein kleiner Teil ehrlicher Berichterstattung mit erschreckenden Schlußfolgerungen und versteckten Anspielungen. So verlas der Abgeordnete Rarick laut Kongreßbericht vom 19. Januar 1970 vor dem Kongreß eine scharfe Kritik von Ed Dieckmann jr. mit dem Titel »Sensitivität

International – ein Netzwerk zur Weltherrschaft«. Um die Technik zu illustrieren, zitiere ich einen der milderen Absätze aus diesem Artikel.

»Am 23. September 1968 sagte die damalige Präsidentin der NEA, Elizabeth D. Koontz . . .[2])
›Die NEA hat für das städtische Schulproblem bereits ein vielseitiges Programm entwickelt, das unter anderem auch ein Sensitivitäts-Training für Erwachsene – Eltern wie Lehrer – einschließt.‹
Damit enthüllte sie das wahre Ziel: Eingliederung des gesamten Gemeinwesens in ein gigantisches Gruppensystem, genau wie in Nordvietnam, in Rußland und in China.
Es ist nicht uninteressant zu wissen, daß die gleiche Elizabeth Koontz, die erste Negerpräsidentin der NEA und ein bekanntes Mitglied des SIECUS, des berüchtigten ›Sex Information & Education Council of the US‹ zu Beginn dieses Jahres von Präsident Nixon zur Vorsitzenden des Frauenausschusses im Arbeitsministerium ernannt wurde.
Parallel zu dieser Programmankündigung einer ›zwangsweisen Überzeugung oder Gehirnwäsche‹ – denn darum handelt es sich letzten Endes – teilte die New York University letzten Februar mit, daß sie demnächst den Magistertitel für Sensitivitäts-Training vergeben werde. Und im Mai verkündete die Redlands University in Kalifornien, daß auch sie in diesem Sommer mit ST beginne – und daß ST zum Pflichtfach erhoben werden soll!«

Hier dient ein Bona-fide-Zitat als Grundlage für völlig grundlose Behauptungen und ziemlich horrende Unterstellungen.
Ein anderer Schreiber aus dem rechten Lager, Alan Stang, stellte am 9. April 1969 in *The Review of the News* an seine Leser die Frage: »Werden unsere Lehrer dem ›Sensitivitäts-Training‹ unterzogen, um sie für die diktatorische Herrschaft zu präparieren, die das Wesen des Nazismus und des Sozialismus ist?« Ein anderer Artikel, den Gary Allen in *American Opinion,* dem offiziellen Organ der *John Birch Society,* im Januar 1968 veröffentlichte, verkündet bereits in der Überschrift: »Haß-Therapie: Sensitivitäts-Training zur organi-

---
[2]) NEA = National Education Association

sierten Veränderung.« Er behauptet, daß das Sensitivitäts-Training »mittlerweile im ganzen Land von der konspirativen Linken unterstützt wird«.

Aus der Flut extremer Feststellungen der Rechten könnte man beliebig lange weiter zitieren. Es ist ganz klar, daß Sensitivitäts-Gruppen, Encounter-Gruppen und alle anderen Arten von Intensiv-Gruppen für diese Leute die schwarzen Schafe der amerikanischen Gesellschaft sind.

James Harmon kommt in einer sorgfältig dokumentierten Studie zu dem Schluß, daß sich unter den Rechten ein großer Prozentsatz autoritärer Persönlichkeiten findet [3]. Sie neigen zu der Annahme, daß der Mensch von Natur aus grundsätzlich böse ist. Angesichts der Übermacht der unpersönlichen Kräfte, von denen wir alle umgeben sind und die außerhalb unserer Kontrollmöglichkeiten zu stehen scheinen, suchen sie nach dem »Feind«, damit sie ihn hassen können. Dieser »Feind« war in anderen Epochen die Hexe, der Dämon, der Kommunist (man erinnere sich an Joe McCarthy), und heute sind es die Sexualerziehung, das Sensitivitäts-Training, der »nichtreligiöse Humanismus« und andere zeitgemäße Dämonen.

Meine eigene Erklärung kommt Harmons zweiter Schlußfolgerung näher. Um es mit eigenen Worten zu sagen: Encounter-Gruppen führen zu größerer persönlicher Unabhängigkeit, zu größerer Bereitschaft zu Neuerungen und zu größerer Opposition gegenüber institutionaler Starrheit und Strenge. Wenn also eine Person Angst vor Veränderung in jedweder Form hat, dann hat sie ebensoviel Angst vor Encounter-Gruppen, die konstruktive Veränderungen erzeugen, wie aus den folgenden Kapiteln deutlich hervorgeht. Wer daher gegen Veränderungen ist, der wird die Intensiv-Gruppe hartnäckig oder sogar mit Gewalt bekämpfen.

Schluß

Ich habe versucht, die gewaltige Entwicklung und Verbreitung der Intensiv-Gruppen in eine historische Perspektive einzuordnen und einige der gegenwärtig zu beobachtenden Formen und Akzente kurz darzulegen. Ich habe ferner versucht, die humanisierenden Elemente

---

[3] James E. Harmon, *Ideological Aspects of Right-Wing Criticism of the Intensiv Group Experience*. Unveröffentlichte Schrift, die im Mai 1969 für ein Seminar über menschliches Verhalten verfaßt wurde.

aufzuzeigen, die diese Gruppen charakterisieren, und eine mögliche Erklärung für das schnelle Wachsen dieser Bewegung und für die Angst zu formulieren, die sie bei jenen hervorruft, die gegen jede Veränderung sind. Vielleicht können wir jetzt dazu übergehen, jene Ereignisse etwas näher zu betrachten, die in solchen Gruppen gewöhnlich geschehen.

2.
Der Prozeß der Encounter-Gruppe [4])

Was geschieht eigentlich in einer Encounter-Gruppe? Diese Frage wird häufig von Leuten gestellt, die sich entweder mit dem Gedanken tragen, einer solchen Gruppe beizutreten, oder die verwirrt sind von den Berichten anderer Leute, die bereits diesbezügliche Erfahrungen gemacht haben. Diese Frage war auch für mich von großem Interesse, als ich versuchte, die offenbar aller Gruppenerfahrung gemeinsamen Elemente zu verstehen. Ich habe inzwischen zumindest eine vage Vorstellung von den Stufen oder Stadien, die eine Gruppe zu durchlaufen scheint, und möchte sie beschreiben, so gut ich kann.

Meine Formulierung ist einfach und naturalistisch. Ich bemühe mich weder um eine hochgeistige abstrakte Theorie noch um profunde Interpretationen unbewußter Motive [5]). Ich werde nicht von der Gruppenpsyche, von Gruppenmythen, nicht einmal von Abhängigkeit und Gegenabhängigkeit sprechen. So richtig diese Interferenzen auch sein mögen, mir liegen sie nicht. Beim derzeitigen Stand unseres Wissens möchte ich lediglich die zu beobachtenden Geschehnisse beschreiben und berichten, wie sie sich meiner Erfahrung nach einander zuordnen. Dabei greife ich außer auf meine eigenen auch auf die Erfahrungen anderer zurück, mit denen ich zusammengearbeitet habe, auf Literatur zu diesem Thema, auf die schriftlichen Äußerungen zahlreicher Personen, die an solchen Gruppen teilgenommen haben, und in gewissem Umfang auch auf Tonbandprotokolle von Gruppensitzungen, mit deren Abschrift und Analyse wir erst begonnen haben.

---

[4]) Ein großer Teil des Materials aus diesem Kapitel wurde bereits in gekürzter Form in einem Kapitel in *Challenges of Humanistic Psychology*, McGraw-Hill Book Company, New York 1967, und in *Psychology Today*, Heft 3, Nummer 7, Dezember 1969, veröffentlicht.
[5]) Jack und Lorraine Gibb haben die Entwicklung von Vertrauen als Grundlage des Gruppenprozesses eingehend analysiert. Wichtige Beiträge zur Theorie des Gruppenprozesses lieferten ferner: Chris Argyris, Kenneth Benne, Warren Bennis, Robert Blake, Dorwin Cartwright, Matthew Miles. Beispiele für ihr Denken finden sich in folgenden Büchern: *T-Group Theory and Laboratory Method*, herausgegeben von Bradford, Gibb und Benne, John Wiley and Sons, New York 1964; *The Planning of Change* von Bennis, Benne und Chin, Holt, Rinehart and Winston, New York 1961, und *Interpersonal Dynamics*, ediert von Bennis, Schein, Berlew und Steele, The Dorsey Press, Homewood, Ill. 1964. Das sind vielversprechende Wege zu einer konstruktiven Theorie, die einen beträchtlichen Grad an Abstraktion einschließt. Dieses Kapitel hat ein elementareres Ziel: einen naturalistischen, deskriptiven Bericht des Prozesses.

Wenn ich die ungemein komplexen Interaktionen von zwanzig, vierzig, sechzig oder mehr intensiven Sitzungsstunden betrachte, glaube ich bestimmte Fäden zu sehen, die sich durch das ganze Muster ziehen. Diese Richtungen oder Tendenzen zeigen sich in den Gruppensitzungen teils früher, teils später, aber es gibt keine eindeutige Reihenfolge, in der die einen enden und andere einsetzen. Man stellt sich die Interaktion am besten als bunte und vielfältige Tapisserie vor, die von Gruppe zu Gruppe anders ist, aber in den meisten Fällen bestimmte eindeutig erkennbare und sich wiederholende Muster aufweist. Einige dieser gleichbleibenden Tendenzen möchte ich kurz beschreiben und anhand von Tonbandprotokollen und persönlichen Berichten illustrieren.

1. *Allgemeine Unsicherheit.* Wenn der Gruppenleiter zu Beginn der Sitzungen klarstellt, daß es sich hier um eine Gruppe mit ungewöhnlicher Freiheit handelt und nicht um etwas, für das er die Verantwortung übernehmen wird, dann entsteht zumeist ein Zeitraum, in dem anfängliche Verwirrung, peinliches Schweigen, höfliche und oberflächliche Interaktion, Cocktail-Party-Unterhaltungen, Frustration und Diskontinuität vorherrschen. Die Gruppenmitglieder sehen sich der Tatsache gegenüber, daß »hier keine Struktur vorliegt, abgesehen von dem, was wir einbringen. Wir erkennen unsere Absichten nicht, wir kennen uns nicht einmal untereinander und wir sind verpflichtet, eine beträchtliche Anzahl von Stunden zusammen zu bleiben«. In dieser Situation sind Verwirrung und Enttäuschung nur natürlich. Was dem Beobachter besonders auffällt, ist die mangelnde Kontinuität des persönlichen Ausdrucks. Die Person A äußert irgendein Problem und erwartet von der Gruppe eine Reaktion. Die Person B hat ihrerseits nur auf eine Gelegenheit zum Reden gewartet und beginnt von etwas ganz anderem zu sprechen, als habe sie A gar nicht gehört. Ein Mitglied macht den ganz simplen Vorschlag: »Ich finde, wir sollten uns alle vorstellen.« Das kann zu einer vielstündigen engagierten Diskussion führen, bei der sich unterschwellige Probleme zeigen wie zum Beispiel: Wer sagt uns, was wir tun sollen? Wer ist für uns verantwortlich? Was ist der Sinn dieser Gruppe?

2. *Widerstand gegen persönlichen Ausdruck oder Exploration.* In der Periode der allgemeinen Unsicherheit enthüllen einige Personen mitunter sehr persönliche Einstellungen, was außerordentlich ambivalente Reaktionen bei den anderen Gruppenmitgliedern hervorrufen

kann. So schreibt ein ehemaliges Gruppenmitglied über seine Erfahrungen: »Es gibt ein Selbst, das ich der Welt zeige, und ein zweites, das nur ich kenne. Anderen gegenüber versuche ich gelassen, fähig und unproblematisch zu erscheinen. Um dieses Bild von mir aufrechtzuerhalten, handele ich in einer Weise, die sich sofort oder später als falsch, künstlich oder nicht meinem wahren Ich entsprechend erweist. Oder ich behalte Gedanken und Überlegungen für mich, die ein unvollkommenes Ich enthüllen würden, wenn ich sie ausspräche.

Mein inneres Selbst wird im Gegensatz zu dem Bild, das ich der Welt zeige, von vielen Zweifeln bestimmt. Der Wert, den ich diesem inneren Selbst zumesse, unterliegt großen Schwankungen und ist weitgehend davon abhängig, wie andere auf mich reagieren. Dieses innere Selbst kann sich zu Zeiten wertlos und unwürdig fühlen.«

Was die Gruppenmitglieder einander zeigen, ist ihr öffentliches Selbst; nur allmählich und voller Angst und Zweifel wagen sie es, auch etwas von ihrem inneren Selbst zu enthüllen.

In einer Intensiv-Gruppe wurden die Mitglieder zu Beginn gebeten, anonym etwas über ein Gefühl oder Gefühle zu schreiben, die sie vor der Gruppe nicht zeigen wollten. Ein Mann schrieb: »Ich habe Schwierigkeiten, mit anderen Beziehungen aufzunehmen. Ich habe eine nahezu undurchdringliche Fassade. Nichts könnte durch sie hindurchdringen und mich verletzen, aber es kommt auch nichts heraus. Ich habe so viele Emotionen unterdrückt, daß ich emotional fast steril bin. Diese Situation macht mich nicht glücklich, aber ich weiß nicht, was ich dagegen tun soll.« Dieser Mensch lebt offensichtlich in einem privaten Kerker, aber außer in dieser verschleierten Form wagt er es nicht einmal, um Hilfe zu rufen.

In einem Workshop begann neulich ein Mann, seine Sorgen über die Sackgasse zu äußern, in die er mit seiner Frau geraten war, als ihn ein anderes Gruppenmitglied unterbrach und sagte: »Bist du sicher, daß du weiterreden willst, oder verführt dich die Gruppe dazu, weiter zu gehen, als du eigentlich wolltest? Woher willst du wissen, daß du der Gruppe vertrauen kannst? Wie wirst du dich fühlen, wenn du nach Hause kommst und deiner Frau erzählst, was du hier berichtet hast, oder wenn du dich entschließt, ihr davon nichts zu sagen? Es ist einfach gefährlich, weiter zu reden und tiefer in die Sache einzusteigen.« Mit dieser Warnung drückte das zweite Mitglied ganz offensichtlich auch seine eigene Angst davor aus, sich zu offenbaren, seinen eigenen Mangel an Vertrauen in die Gruppe.

3. *Beschreibung vergangener Gefühle.* Trotz der Ambivalenz in bezug auf die Vertrauenswürdigkeit der Gruppe und die Gefahr der Selbstenthüllung beginnt der Ausdruck von Gefühlen mehr Raum einzunehmen. Der Angestellte berichtet, wie frustriert er sich in bestimmten Situationen in der Firma fühlt, und die Hausfrau spricht über Schwierigkeiten mit ihren Kindern. Das Tonbandprotokoll einer Diskussion zwischen Bill, Joe und einer katholischen Nonne zu Beginn eines einwöchigen Workshops gibt ein ziemlich intellektualisiertes Gespräch über den Zorn wieder:

Bill: Was passiert, wenn Sie wütend werden, Schwester – oder werden Sie nie wütend?
Schwester: Doch – doch, ich kann wütend werden. Und wenn ich wütend werde, dann werde ich fast – also, was mich wütend macht, ist ein Mensch, der anderen Menschen gegenüber überhaupt keine Gefühle zu haben scheint. Ich denke dabei an unsere Oberin. Sie ist eine sehr aggressive Frau und hat ganz bestimmte Vorstellungen davon, wie die zahlreichen Regeln und Vorschriften in einem College auszusehen haben. Und diese Frau kann mich einfach wahnsinnig wütend machen. Das ist mein Ernst. Aber dann finde ich wieder –
Leiter: Aber was tun Sie, wenn Sie wütend sind?
Schwester: In einer solchen Situation werde ich entweder sehr scharf oder ich reagiere überhaupt nicht. – Na gut, sie ist nun einmal so, denke ich dann – aber ich glaube, ich bin noch nie richtig in Wut geraten.
Joe: Sie ziehen sich einfach zurück – Sie finden es sinnlos zu streiten.
Leiter: Sie sagten, Sie würden scharf werden. Zu ihr oder zu anderen Leuten, mit denen Sie zu tun haben?
Schwester: O nein! Zu *ihr.*

Dies ist ein typisches Beispiel für eine *Beschreibung* von Gefühlen, die in gewisser Weise ganz offensichtlich in ihr vorhanden sind, die sie aber in die Vergangenheit verlegt und als zeitlich und räumlich außerhalb der Gruppe betrachtet. Es ist ein Beispiel für die Existenz von Gefühlen »hier und jetzt«.

4. *Ausdruck negativer Gefühle.* Seltsamerweise zeigt sich der erste Ausdruck wirklich signifikanter »Hier und jetzt«-Gefühle häufig in

negativen Einstellungen gegenüber anderen Gruppenmitgliedern oder gegenüber dem Gruppenleiter. In einer Gruppe, in der sich einige Mitglieder ziemlich ausführlich vorstellten, weigerte sich eine Frau, das gleiche zu tun, und sagte, sie zöge es vor, nicht nach ihrem äußeren Status, sondern nach dem beurteilt zu werden, was sie in der Gruppe war. Kurz danach wurde sie von einem anderen Gruppenmitglied heftig angegriffen. Der Mann warf ihr ziemlich verärgert vor, nicht mitzuarbeiten und sich aus der Gruppe herauszuhalten. Es war das erste spontane persönliche Gefühl, das in dieser Gruppe seinen Ausdruck fand.

Häufig wird der Gruppenleiter angegriffen, weil er es an der angemessenen Führung fehlen läßt. Ein Beispiel dafür liefert das Tonbandprotokoll einer der ersten Sitzungen mit einer Gruppe von Kriminellen, in der ein Mitglied den Leiter anschreit: »Wenn Sie uns nicht von Anfang an unter Kontrolle kriegen, wird man Sie fertigmachen. Sie müssen hier für Ordnung sorgen, weil Sie älter sind als wir. Das ist die Pflicht eines Lehrers. Wenn er es nicht tut, gibt es nichts als Ärger, und wir kommen zu gar nichts. (Er deutet auf zwei Jungen in der Gruppe, die sich balgen, und fährt dann fort.) Werfen Sie die beiden raus! Sie müssen einfach dafür sorgen, daß wir uns hier anständig benehmen [6]!«

Ein Erwachsener drückt seinen Ärger über Leute aus, die zuviel reden, richtet sich dabei aber an den Gruppenleiter. »Ich begreife einfach nicht, warum ihnen nicht jemand den Mund verbietet. Ich hätte Gerald längst zum Fenster hinausgeworfen. Ich hätte ihm schon lange gesagt, daß er zuviel redet und möglichst bald verschwinden soll. Ich finde, die Gruppe sollte von jemandem geleitet werden, der diese Leute einfach nicht mehr beachtet, wenn sie andere zum achtenmal unterbrechen [7].«

Warum sind negativ gefärbte Äußerungen die ersten Gefühle, die ausgedrückt werden? Darauf gibt es mehrere mögliche Antworten. Der Ausdruck negativer Gefühle ist der beste Weg, um die Freiheit und die Vertrauenswürdigkeit der Gruppe zu erproben. Ist sie wirklich ein Ort, an dem ich positiv und negativ sein und mich ausdrücken kann? Bin ich hier wirklich sicher, oder werde ich bestraft? Ein weiterer und ganz anderer Grund ist der, daß tiefe positive Gefühle viel schwieriger auszudrücken sind als negative. Wenn ich sage, ich liebe dich, dann bin ich verletzbar und kann zurückgewiesen wer-

---
[6] T. Gordon, *Group-Centered Leadership*, Houghton, Mifflin & Co., Boston 1955, S. 214.
[7] Ebenda, S. 210.

den. Wenn ich sage, ich hasse dich, kann man mich höchstens angreifen, und dagegen kann ich mich wiederum wehren. Was die Gründe auch immer sein mögen – die negativ gefärbten Gefühle sind in der Regel das erste »Hier und Jetzt«-Material, das in einer Gruppe auftaucht.

5. *Ausdruck und Erforschung von persönlich wichtigem Material.* Es mag überraschend erscheinen, aber im Anschluß an solch negative Erfahrungen wie die anfängliche allgemeine Verwirrung, den Widerstand gegen persönlichen Ausdruck und den Ausdruck kritischer oder ärgerlicher Gefühle beginnt in den meisten Fällen das eine oder andere Individuum, sich signifikant vor der Gruppe zu offenbaren. Der Grund dafür liegt zweifellos in der Tatsache, daß das einzelne Gruppenmitglied inzwischen erkannt hat, daß es sich hier zum Teil um *seine* Gruppe handelt. Es kann dazu beitragen, aus ihr etwas zu machen. Es hat darüber hinaus erfahren, daß negative Gefühle ausgedrückt und akzeptiert oder assimiliert wurden, ohne daß dies katastrophale Folgen gehabt hätte. Es weiß, daß hier eine Freiheit existiert, auch wenn diese Freiheit nicht risikolos ist. Eine Atmosphäre des Vertrauens beginnt sich zu entwickeln. Und das Individuum geht das Wagnis ein und zeigt der Gruppe eine neue, tiefer gelegene Facette seines Selbst. Ein Mann erzählt, daß die Kommunikation zwischen ihm und seiner Frau gleich Null ist. Ein Priester berichtet von seinem angestauten Zorn über die ungerechtfertigte Behandlung durch einen seiner Vorgesetzten. Was hätte er tun sollen? Was könnte er jetzt tun? Der wissenschaftliche Leiter einer großen Forschungsabteilung findet den Mut, über seine schmerzliche Isolierung zu sprechen, und gesteht der Gruppe, daß er nie im Leben einen Freund gehabt hat. Als er ausgeredet hat, vergießt er Tränen des Selbstmitleids, die er sicher schon seit vielen Jahren zurückgehalten hat. Ein Psychiater spricht darüber, daß er sich schuldig fühlt, weil einer seiner Patienten Selbstmord begangen hat. Ein Mann Anfang vierzig berichtet von seiner absoluten Unfähigkeit, sich von seiner herrschsüchtigen Mutter zu befreien. Ein Prozeß hat begonnen, den ein Gruppenmitglied einmal als »Reise zum Mittelpunkt des Selbst« bezeichnete – häufig ein sehr schmerzhafter Prozeß.

Ein Beispiel für diese Exploration findet sich in einer auf Band protokollierten Äußerung von Sam, der Mitglied eines einwöchigen Workshops war. Jemand hatte seine Stärke erwähnt, und Sam sagte dazu:

Sam: Vielleicht bin ich mir dessen nicht bewußt, oder ich erfahre es nicht als Stärke. (Pause.) Ich glaube, als ich mit Tom sprach – am ersten Tag muß das gewesen sein –, da wurde mir zum erstenmal klar, daß *ich* jemandem *Angst machen* konnte, und das war für mich eine echte Überraschung. Eine völlig neue Erfahrung, an die ich mich erst einmal gewöhnen mußte. Ich kannte bis dahin nur das Gefühl, daß *andere* mir Angst machen, und deshalb war mir nie die Idee gekommen, daß auch jemand Angst vor *mir* haben könnte. Das hat, glaube ich, etwas damit zu tun, wie ich mich selbst empfinde.

Der Prozeß der Exploration ist nicht immer einfach, und nicht immer ist die ganze Gruppe empfänglich für derartige Selbstenthüllungen. In einer Gruppe von jugendlichen Heimbewohnern, die alle in der einen oder anderen Weise in Schwierigkeiten geraten waren, eröffnet ein Junge einen wichtigen Aspekt seiner selbst und trifft damit sofort und gleichzeitig auf Akzeptierung und scharfe Ablehnung bei den übrigen Gruppenmitgliedern.

George: Die Sache ist die, ich habe zu Hause zu viele Probleme. Ich glaube, ein paar von euch wissen, warum ich hier bin und weshalb ich verurteilt wurde.
Mary: Ich nicht.
Leiter: Willst du darüber reden?
George: Naja – es ist irgendwie peinlich.
Carol: Komm schon. So schlimm kann es nicht sein.
George: Also, ich habe meine Schwester vergewaltigt. Das ist das einzige Problem, das ich zu Hause habe, und ich glaube, das habe ich bewältigt. (Ziemlich lange Pause.)
Freda: Das ist ja grausam.
Mary: Jeder hat seine Schwierigkeiten, Freda. Ich meine, du weißt doch schließlich ...
Freda: Ja, natürlich, aber trotzdem!!!
Leiter (zu Freda): Du kennst solche Probleme, aber trotzdem erscheinen sie dir grausam.
George: Ich hab's ja gesagt. Es ist peinlich, darüber zu reden.
Mary: Ja, aber es ist gut so.
George: Es tut weh, darüber zu reden, aber ich weiß, daß ich es tun muß, wenn ich nicht für den Rest meines Lebens mit Schuldgefühlen herumlaufen will.

Freda schließt ihn psychologisch ganz offensichtlich völlig aus, während Mary ein besonders tiefes Akzeptieren zeigt. George ist eindeutig entschlossen, das Risiko einzugehen.

6. *Der Ausdruck unmittelbarer interpersonaler Gefühle in der Gruppe.* Früher oder später beginnen die Gruppenmitglieder, jene Gefühle auszudrücken, die sie anderen Gruppenmitgliedern gegenüber im Augenblick empfinden. Diese Gefühle sind manchmal positiv, ein anderes Mal negativ. Beispiele dafür wären: »Ich fühle mich durch dein Schweigen bedroht.« – »Du erinnerst mich an meine Mutter, mit der ich nie sehr gut ausgekommen bin.« – »Ich konnte dich vom ersten Augenblick an nicht leiden.« – »Für mich bist du in der Gruppe wie eine frische Brise.« – »Ich mag dein Lächeln und deine Wärme.« – »Je mehr du redest, desto weniger mag ich dich.« Jede dieser Einstellungen kann im zunehmenden Klima des Vertrauens erforscht werden, was gewöhnlich auch geschieht.

7. *Die Entwicklung einer Heilungskapazität in der Gruppe.* Einer der faszinierendsten Aspekte jeder Intensiv-Gruppe besteht darin, wie eine Anzahl von Gruppenmitgliedern eine natürliche und spontane Fähigkeit beweist, sich mit dem Schmerz und dem Leiden anderer hilfreich, fördernd und therapeutisch zu befassen. Ich denke dabei an das ziemlich extreme Beispiel eines Mannes, der in einer Fabrik eine untergeordnete Stellung innehatte und in seiner Jugend, wie er sagte, »nicht durch Ausbildung und Erziehung verdorben worden war«. In der ersten Zeit behandelte ihn die Gruppe eher herablassend. Aber als die einzelnen Mitglieder tiefer in sich drangen und ihre Einstellungen umfassender auszudrücken begannen, erwies sich dieser Mann als das mit Abstand feinfühligste Gruppenmitglied. Er wußte intuitiv, wie man andere versteht und akzeptiert. Er spürte Dinge, die noch nicht ausgedrückt waren, aber dicht unter der Oberfläche lagen. Während die anderen einem Mitglied zuhörten, das gerade sprach, merkte er, daß ein weiteres Mitglied schweigend litt und der Hilfe bedurfte. Er war ungemein einfühlsam. Diese therapeutische und heilende Fähigkeit zeigt sich in den Gruppen derart häufig, daß sie meines Erachtens im menschlichen Leben viel verbreiteter ist, als wir annehmen. Um sie wirksam werden zu lassen, bedarf es oft nur des Gewährenlassens oder einer gewissen Freiheit, die im Klima einer frei fließenden Gruppenerfahrung entsteht.

Ein charakteristisches Beispiel ist auch der folgende Ausschnitt aus einer Gruppensitzung, bei der der Gruppenleiter und mehrere Gruppenmitglieder versuchen, Joe zu helfen, der über das fast vollkommene Fehlen jedweder Kommunikation mit seiner Frau berichtet hat. John versucht ihm immer wieder zu erklären, welche Gefühle seine Frau höchstwahrscheinlich hat. Marie bemüht sich, ihm zu helfen, seine eigenen Gefühle in diesem Augenblick zu entdecken. Fred zeigt ihm, welche anderen Möglichkeiten des Verhaltens sich ihm anbieten. Es geschehen natürlich keine Wunder, aber gegen Ende der Sitzung wird Joe klar, daß vermutlich nur eines helfen würde: er müßte seiner Frau gegenüber seine *wahren Gefühle ausdrücken*.

Joe: Ich muß richtig aufpassen, wenn ich irgendwo hingehe, wo ich Leute kenne – meine Frau fühlt sich sonst sofort ausgeschlossen und übergangen. Im letzten Jahr haben sich die Dinge zwar so weit geändert, daß ich wieder Hoffnung habe, aber eine Zeitlang hatte ich überhaupt *keine*. Ich weiß auch heute noch nicht, ob wir es schaffen oder nicht. (Pause.)
John: Mir kommt es immer wieder so vor, als ob sie sehr stark den Wunsch hätte, in dich zu dringen.
Joe: Ja, das stimmt.
John: Ich meine nicht verletzend, ich meine . . .
Joe: Nein. (Pause.) Aber die Frage ist, wie. Und eins ist wahr, ich muß sie einlassen, aber ich muß auch sehr *vorsichtig* sein, und so häufig bieten sich die Gelegenheiten auch nicht.
Leiter: Haben Sie das Gefühl, daß Sie hier durch Vorsicht irgend etwas erreicht haben? (Pause.)
Joe: Ich weiß nicht. Ich glaube, hier war keiner vorsichtig, auch ich nicht.
Leiter: Stimmt. Ich glaube, Sie haben einige Risiken auf sich genommen.
Joe: Mit vorsichtig meinte ich, daß ich vorsichtig sein muß, *wie* ich etwas sage, damit es nicht verdreht wird.
Leiter: Wenn – also, ich glaube, ich muß direkter werden. Wenn Sie glauben, daß Ihre Frau nicht merkt, daß Sie vorsichtig sind, dann irren Sie sich.
Joe: Ja, das stimmt sicher.
Leiter: Und wenn sich mir jemand nähert – und ich spüre, er bewegt sich sehr behutsam und vorsichtig, dann frage ich mich doch, was hat er mit mir vor?

Joe: Ich habe es auch schon anders versucht – das Schlimme ist – vielleicht war ich auch zu direkt. Damit fingen dann unsere Streitereien an.
Leiter: Ich finde es gut, daß Sie so viel Vertrauen zu uns haben, daß Sie überhaupt davon sprechen. Aber im Augenblick reden Sie über die Elemente, die *außerhalb* von Ihnen liegen.
John: Ich möchte immer noch wissen, ob du ihre Gefühle *fühlen* kannst.
Joe: Hm, ja – Gefühle, doch, ich spüre jetzt schon eher, was sie fühlt, und ich weiß mittlerweile auch, daß ich sie manchmal nicht verstanden und zurückgewiesen habe. Und – aber ich spüre sofort, wenn sie verärgert ist, und dann, ich weiß nicht, dann...
Leiter: Wie fühlen Sie sich dann? Angenommen, Sie kommen nach Hause, und Ihre Frau sagt kein Wort, weil Sie fort waren und sie nicht weiß, was Sie alles erlebt haben, und Sie merken, daß sie ziemlich ärgerlich ist. Was *empfinden Sie* dann?
Joe: Hm – irgendwie würde ich mich am liebsten zurückziehen.
Marie: Was würdest du fühlen? Wäre es dir unbehaglich. Oder würde es dich verwirren oder vielleicht sogar ärgern?
Joe: Das war früher manchmal – heute nicht mehr so sehr. Ich kann aber immer noch ziemlich ärgerlich werden, das habe ich genau beobachtet.
Marie: Gut, aber das beantwortet meine Frage nicht.
Joe: Stimmt.
Marie: Ich will nicht wissen, ob du dich beherrschen kannst oder ob du deinen Ärger unterdrückst. Ich möchte wissen, was du wirklich fühlst.
Joe: Ich glaube, ich neige heute am ehesten dazu, mich zurückzuziehen und abzuwarten. Ich weiß, wenn ich den Abend überstehe, dann ist am nächsten Morgen alles anders.
Fred: Hältst du das für defensiv? Drückst du diese Abwehr dadurch aus, daß du dich zurückziehst, weil...
Joe: Naja, ihr gefällt es nicht.
Fred: Aber dir ist es lieber so, als in einen Streit oder in irgendeine Auseinandersetzung verwickelt zu werden.
Joe: Ja – und das einzige, was helfen könnte, wäre – wenn ich *das Gefühl einfach ausdrücken* würde. Ich weiß ja heute ganz genau, wann sie verärgert ist – ich wußte nur nie, was ich tun sollte. Aber jetzt wird das hoffentlich ganz anders.

Ganz deutlich versuchen die verschiedenen Gruppenmitglieder, Joe auf ihre Weise zu helfen, einen Weg zu finden, um mit seiner Frau auf realere und konstruktivere Weise auszukommen.

8. *Selbst-Akzeptierung und beginnende Veränderung.* Viele Leute glauben, daß Selbst-Akzeptierung einer Veränderung im Wege stehen müsse. In Wirklichkeit ist sie aber bei diesen Gruppen wie in der Psychotherapie der Beginn einer Veränderung.

Einige Beispiele für die Arten von ausgedrückten Einstellungen wären: »Ich bin eine dominierende Person, die andere gern beherrscht. Ich will andere in eine bestimmte Form zwingen.« – »Ich habe in mir einen verletzten und überlasteten kleinen Jungen, der sich selbst sehr leid tut. Ich *bin* dieser kleine Junge, auch wenn ich als ein fähiger und verantwortungsvoller Manager gelte.«

Ich erinnere mich an einen Regierungsbeamten, einen Mann mit hoher Verantwortung und hervorragender Ausbildung. Bei der ersten Gruppensitzung beeindruckte er mich und vermutlich auch die anderen durch sein kaltes, etwas verbittertes und zynisches Wesen. Als er erzählte, wie er seine Abteilung leitet, hatte man den Eindruck, daß er das genau nach Vorschrift tat, ohne jede Wärme oder menschliche Regung. In einer der ersten Sitzungen sprach er über seine Frau, und ein anderes Gruppenmitglied fragte ihn: »Lieben Sie Ihre Frau?« Er schwieg lange, und der Fragesteller sagte: »Danke, das ist Antwort genug.« Der Beamte sagte: »Nein, warten Sie! Ich habe nicht geantwortet, weil ich mir überlegte, ob ich überhaupt jemals einen Menschen geliebt habe. Und ich glaube, ich habe wirklich noch nie jemanden geliebt.« Uns allen war klar, daß er sich in diesem Augenblick als lieblos und kalt akzeptierte.

Ein paar Tage später hörte er mit großer Aufmerksamkeit zu, als ein Mitglied der Gruppe tiefe persönliche Gefühle der Einsamkeit, der Isolation und des Schmerzes ausdrückte und erläuterte, in welchem Ausmaß es hinter einer Maske, einer Fassade gelebt hatte. Am nächsten Morgen sagte der Regierungsbeamte: »Letzte Nacht habe ich lange nachgedacht über das, was Bill gesagt hat. Ich habe sogar etwas geweint. Ich kann mich gar nicht erinnern, wie lange es her ist, daß ich geweint habe. Ich habe wirklich etwas empfunden, und ich glaube, was ich empfunden habe, war Liebe.«

Es überrascht nicht, daß er sich innerhalb weniger Tage überlegte, wie er seinen heranwachsenden Sohn besser behandeln könnte, an den er bislang außerordentlich strenge und große Anforderungen gestellt hatte. Er begann auch, die Liebe seiner Frau zu ihm zu würdigen, und glaubte sogar, sie in gewissem Umfang erwidern zu können.

Ein anderer Auszug aus den Sitzungen einer Gruppe Jugendlicher zeigt eine Kombination von Selbst-Akzeptierung und Selbst-Exploration. Art hat über sein »Schneckenhaus« gesprochen und beginnt jetzt, sich mit dem Problem der Selbst-Akzeptierung und mit der Fassade zu befassen, die er gewöhnlich zur Schau stellt.

Art: Wenn ich in meinem Schneckenhaus bin, dann –
Lois: So, wie jetzt.
Art: Ja –
Susan: Bist du immer so, wenn du in deinem Schneckenhaus bist?
Art: Nein, ich bin so sehr daran gewöhnt, daß es mich nicht mal mehr stört. Ich kenne mein wahres Selbst gar nicht. Ich glaube, ich habe das Schneckenhaus hier etwas weiter geöffnet. Wenn ich aus ihm heraustrete – was nur zweimal der Fall war –, dann bin ich wirklich ich selbst, glaube ich. Aber das geschieht so selten. Meist bin ich eingesperrt in meinem Schneckenhaus.
Leiter: Und niemand ist bei dir in deinem Schneckenhaus?
Art (weint): Niemand ist bei mir, ich bin allein. Ich ziehe alles in das Schneckenhaus, rolle es zusammen und stecke es in meine Tasche. Ich nehme das Schneckenhaus und mein wirkliches Selbst und stecke es in die Tasche, wo es sicher ist. Ich glaube, so mache ich es wirklich – ich ziehe mich in mein Schneckenhaus zurück und schalte die reale Welt einfach ab. Aber hier – hier möchte ich aus diesem Schneckenhaus heraus und – und eigentlich möchte ich es wegwerfen.
Lois: Du machst schon Fortschritte. Zumindest kannst du darüber reden.
Leiter: Ja. Am schwierigsten wird es sein, nicht mehr in das Schneckenhaus zurückzukehren.
Art (immer noch weinend): Wenn ich weiter darüber reden könnte, dann würde ich auch herauskommen und draußen bleiben, aber ich muß ... ich muß aufpassen und mich schützen. Es tut nämlich weh. Es tut wirklich weh, darüber zu reden.

Man erkennt hier sehr deutlich, daß dieses zurückgezogene Selbst als solches akzeptiert wird. Aber auch der Beginn einer Veränderung wird deutlich.

Eine andere Person berichtete kurz nach einer Workshop-

Erfahrung: »Ich kam mit dem Gefühl zurück, daß es gut so ist, wie ich bin, mit all meinen Stärken und Schwächen. Meine Frau sagte, ich sei jetzt viel wirklicher, viel echter.«

Dieses Gefühl größerer Wirklichkeit und Echtheit ist eine sehr verbreitete Erfahrung. Es scheint, als lerne das Individuum, sich selbst zu akzeptieren, es selbst zu sein und damit die Grundlage für eine Veränderung zu schaffen. Es steht seinen eigenen Gefühlen näher, die aus diesem Grunde nicht länger starr organisiert, sondern veränderbar sind.

Eine Frau schreibt, wie ihr Vater kurz nach der Encounter-Gruppe starb und sie eine lange und schwierige Reise zu ihrer Mutter unternahm. »... eine Reise, die mir endlos vorkam in meiner Verwirrung und meinem Schmerz, mit viel zuwenig Schlaf und ernsthaften Sorgen um die Zukunft meiner Mutter. In den ersten fünf Tagen, die ich bei ihr war, wollte ich einfach nur so sein, wie ich mich fühlte – ich wollte keine Betäubung, keine konventionellen Schranken zwischen mir und meinen Gefühlen, aber das war nur möglich, wenn ich die Erfahrung voll akzeptierte und mich dem Kummer und dem Schmerz hingab. Dieses Gefühl des Akzeptierens und Hingebens ist mir seither geblieben. Ich glaube, ganz offen, der Workshop hat viel mit meiner Bereitschaft zu tun, diese Erfahrung zu akzeptieren.«

9. *Das Zerschlagen der Fassaden.* Im weiteren Verlauf der Sitzungen ereignen sich gewöhnlich so viele Dinge gleichzeitig, daß es schwer ist, zu entscheiden, was man als erstes beschreiben soll. Es muß noch einmal betont werden, daß diese verschiedenen Elemente oder Stufen ineinander übergehen und sich überlappen. Ein wichtiges Element ist die zunehmende Abneigung gegenüber defensivem Verhalten. Die Gruppe findet es mit der Zeit unerträglich, wenn irgendein Mitglied ständig hinter einer Maske oder einer Fassade lebt. Die höflichen Worte, das gegenseitige intellektuelle Verstehen, die glatte Konzilianz – all das, was bei Interaktionen außerhalb der Gruppe völlig ausreicht, genügt hier nicht mehr. Der Selbstausdruck einiger Gruppenmitglieder hat sehr deutlich gemacht, daß eine tiefere und grundlegendere Begegnung *möglich* ist, und die Gruppe scheint dieses Ziel intuitiv und unbewußt anzustreben. Sie fordert vom Individuum, manchmal liebevoll, ein andermal heftig, es selbst zu sein, seine augenblicklichen Gefühle nicht zu verbergen und die Maske des normalen gesellschaftlichen Umgangs abzulegen. In einer Gruppe war ein hochintelligenter und sehr gebildeter Mann, der bei anderen sehr

viel wahrnehmen konnte, aber von sich selbst nichts preisgab. Die Einstellung der Gruppe drückte sich schließlich sehr deutlich aus, als ein Mitglied sagte: »Kommen Sie endlich hinter Ihrem Pult hervor, Doc. Hören Sie auf, Reden zu halten, und nehmen Sie Ihre Sonnenbrille ab. Wir wollen etwas über *Sie* hören.«

In Synanon, wo mit viel Erfolg aus Rauschgiftsüchtigen wieder Menschen und Personen gemacht werden, verläuft dieses Niederreißen von Fassaden häufig dramatisch. Ein Auszug aus einer der »Synanons« oder Gruppensitzungen macht das deutlich:

Joe (zu Gina): Ich frage mich, wann du endlich aufhörst, in den Synanons immer wieder so gut zu sein. In jeder Sitzung, in der ich dich erlebe, redest du wie ein Buch, wenn jemand eine Frage an dich richtet. Du weißt genau, was du alles falsch machst und wie dir klar wird, was du falsch gemacht hast und so weiter und so fort. Wann hörst du damit endlich auf? Welche Gefühle hast du Art gegenüber?
Gina: Ich habe nichts gegen Art.
Will: Du spinnst. Art hat geschrien und dich und Moe angebrüllt, aber dich läßt das alles völlig kalt.
Gina: Nein, ich spüre, daß er in vieler Hinsicht sehr unsicher ist, aber das hat mit mir nichts zu tun ...
Joe: Du tust, als wärst du unheimlich verständnisvoll.
Gina: Man hat mir beigebracht, so zu tun, als verstünde ich alles.
Joe: Gut, aber hier bist du in einem Synanon. Man erwartet von dir nicht, daß du so tust, als fehlte dir nichts. Oder geht es dir so gut?
Gina: Nein.
Joe: Na also, und warum hörst du nicht auf, so zu tun, als ob [8])?

Es stimmt, wenn ich sage, daß eine Gruppe manchmal auf Fassaden oder Abwehr sehr heftig reagiert. Auf der anderen Seite kann sie aber auch einfühlsam und gütig sein. Der Mann, dem vorgeworfen worden war, er verstecke sich hinter einem Pult, fühlte sich durch diesen Angriff sehr verletzt; in der Mittagspause wirkte er sehr traurig und schien jeden Augenblick in Tränen ausbrechen zu wollen. Als die Gruppe sich wieder versammelte, spürten die Mitglieder das und behandelten ihn sehr milde, was ihm die Möglichkeit gab, uns seine tra-

---
[8]) D. Casriel, *So Fair a House*, Englewood Cliffs, New Jersey: Prentice Hall 1963, S. 81.

gische persönliche Geschichte zu erzählen, die die Ursache für seine Abgeschlossenheit und seinen intellektuellen, akademischen Ansatz zum Leben war.

10. *Das Individuum erhält feedback.* Im Verlauf dieser Art von Interaktion erfährt das Individuum, wie es auf andere wirkt. Wer sich vertrauenswürdig gibt, merkt bald, daß andere seine übertriebene Freundlichkeit gar nicht schätzen. Der Beamte, der jedes seiner Worte sorgfältig abwägt, stellt vielleicht zum ersten Mal in seinem Leben fest, daß man ihn als langweilig empfindet. Die Frau mit dem übertriebenen Bedürfnis, anderen zu helfen, erfährt sehr direkt, daß einige Gruppenmitglieder sie nicht als Mutter haben möchten. Diese Erfahrungen können sehr beunruhigend sein, aber solange sie in einer Atmosphäre des Vertrauens gemacht werden, sind sie sehr konstruktiv.

Ein Beispiel für dieses *feedback* findet sich im Tonbandprotokoll einer Gruppensitzung, in der vorgeschlagen worden war, daß die Mitglieder einander als lebendige oder leblose Objekte beschreiben.

John (zu Alma): Wenn wir schon reden, dann kann ich dir ja auch was sagen. Du erinnerst mich nämlich an einen Schmetterling. (Lachen.)
Alma: Wieso? Ich meine, warum gerade an einen Schmetterling?
John: Naja, ein Schmetterling ist für mich etwas Merkwürdiges. Man kann ihm ziemlich nahe kommen, aber wenn man kurz davor ist und ihn vielleicht anfassen oder näher zu sich bringen und anschauen möchte, dann fliegt er fort.
Alma (lacht nervös).
John: Dann ist er fort. Und wenn man ihn nicht jagt und ermüdet, bis er nicht mehr fliegen kann – oder ihm beibringt, einem zu vertrauen –, dann kommt man ihm nie so nahe, daß man ihn berühren oder etwas Wirkliches über ihn erfahren könnte, außer aus der Ferne. Das ist es, was mich bei dir an einen Schmetterling erinnert. Man kommt dir nie so nahe, daß man das sehen könnte, was an dir zu sehen vielleicht sehr schön wäre.

In der gewöhnlichen gesellschaftlichen Interaktion kommt es vermutlich nur äußerst selten dazu, daß einer Frau gesagt wird, sie habe Angst vor jeder näheren Beziehung.

Feedback kann bisweilen sehr warm und positiv sein, wie der folgende Auszug zeigt.

Leo (sehr leise und zärtlich): Es hat mich richtig getroffen, seit sie über ihr nächtliches Aufwachen gesprochen hat – wie feinfühlig und empfindlich sie ist. (Wendet sich an Mary.) Und irgendwie spüre ich – wenn ich dich nur ansehe oder dir in die Augen blicke –, daß es fast wie eine zärtliche Berührung ist, und mit dieser Berührung kannst du vieles von dem sagen, was du fühlst.
Fred: Leo, du hast recht, als du eben sagtest, wie feinfühlig und empfindsam sie ist, da dachte ich, mein Gott, ja. Sieh dir nur ihre Augen an.
Leo: M-hm.

Ein wesentlich ausführlicheres Beispiel für negatives wie positives Feedback ist dem Tagebuch eines jungen Mannes entnommen, der sich von allen ungeliebt fühlte. Er hatte der Gruppe erklärt, daß er keinerlei Gefühle für sie habe und spüre, daß auch sie nichts für ihn empfinde.

»... Dann verlor eines der Mädchen die Geduld mit mir und sagte, sie könne mir nichts mehr geben. Sie sagte, ich käme ihr vor wie ein Faß ohne Boden, und sie frage sich, wie oft man mir noch sagen müsse, daß man mich gern habe. Ich geriet in eine Art Panik und dachte: ›Mein Gott, kann es wahr sein, daß ich nie zufrieden sein werde und dazu verdammt bin, die Leute mit meinem Wunsch, beachtet zu werden, so lange nerve, bis ich sie fortgetrieben habe?‹
Ich war sehr beunruhigt. Da meldete sich eine Nonne aus der Gruppe zu Wort. Sie sagte, ich hätte sie mit den negativen Äußerungen ihr gegenüber nicht befremdet. Sie sagte, sie habe mich gern und verstünde nicht, wieso ich das nicht merke. Sie sagte, sie mache sich Sorgen um mich und wolle mir helfen. Danach kam mir etwas zu Bewußtsein, was ich ungefähr so ausdrückte: ›Sie meinen, Sie sitzen da und empfinden für mich das, was ich möchte, daß sie es für mich empfinden, und ich sperre mich irgendwo im Innern dagegen, daß es mich berührt?‹ Ich wurde beträchtlich ruhiger und begann mich zu fragen, warum ich mich eigentlich gegen die Zuneigung der anderen gesperrt hatte. Ich fand darauf keine Antwort, und dann sagte eine Frau: ›Mir scheint, du versuchst ständig, so tief in deinen Gefühlen steckenzubleiben wie heute nachmittag. Ich fände es besser, du würdest dir Zeit lassen und alles erst einmal aufnehmen. Vielleicht ruhst du dich zunächst besser aus, dann kannst du auch natürlicher zu deinen Gefühlen zurückkehren.‹

Dieser Vorschlag wirkte. Ich sah ein, was sie meinte, und wurde sofort ganz ruhig. Irgendwie war mir, als zöge in meinem Inneren so etwas wie ein herrlicher warmer Sonnentag herauf. Aber nicht nur der Druck war von mir genommen, ich spürte auch zum ersten Mal, daß man mir freundliche Gefühle entgegenbrachte. Es ist schwierig zu sagen, warum ich nur dieses eine Mal spürte, daß man mich mochte, aber im Gegensatz zu früheren Sitzungen *glaubte* ich wirklich, daß die anderen mich gern hatten. Ich habe nie ganz begriffen, warum ich mich so lange dagegen gesperrt hatte, aber an diesem Punkt begann ich fast von einem Augenblick auf den anderen daran zu glauben, daß sie mich mochten. Wie groß die Veränderung war, geht aus dem hervor, was ich als nächstes sagte. Ich sagte: ›Ich bin jetzt zufrieden, und ich bin jetzt auch bereit, einem anderen zuzuhören.‹ Das war mein Ernst [9].«

11. *Konfrontation.* Manchmal ist der Terminus Feedback zu milde, um deutlich zu machen, welche Art von Interaktion stattfindet. Es ist dann besser, man sagt, daß ein Individuum ein anderes direkt konfrontiert. Diese Konfrontationen können positiv sein, aber häufig sind sie negativ, wie das folgende Beispiel zeigt. In einer der letzten Gruppensitzungen hatte Alice John gegenüber, der im religiösen Bereich tätig war, einige verächtliche und fast gemeine Bemerkungen gemacht. Am nächsten Morgen meldet sich die sonst sehr stille Norma zu Wort.

Norma (seufzt laut): Also, ich habe überhaupt keine Achtung vor dir, Alice. Nicht die geringste. (Pause.) Mir gehen hundert Dinge durch den Kopf, die ich dir sagen möchte, und ich hoffe, daß ich sie alle loswerden kann. Zunächst einmal – wenn du von uns respektiert werden willst, warum konntest du gestern abend Johns Gefühle nicht respektieren? Warum mußtest du ihn heute schon wieder angreifen? Hm? Konntest du gestern abend nicht akzeptieren oder in irgendeiner Weise begreifen, daß er sich nicht würdig fühlt, Gott zu dienen? Konntest du das nicht akzeptieren, oder mußtest du heute schon wieder damit anfangen, weil du noch mehr finden wolltest? Hm? Ich persönlich glaube nicht, daß John irgendwelche Probleme hat, die dich auch nur im mindesten etwas

---

[9] G. F. Hall, *A Participant's Experience in a Basic Encounter Group.* Unveröffentlichtes Manuskript aus dem Jahr 1965.

angehen! Keine Frau, die ich kenne, hätte sich so benommen, wie du es in der letzten Woche getan hast, und keine hätte gesagt, was du gestern gesagt hast. Das war einfach gemein! Ich hätte dich am liebsten geohrfeigt!!! Ich zittere heute noch vor Wut auf dich – ich bin so wütend, daß ich dich verprügeln könnte! Ich möchte dir so auf den Mund schlagen, daß du ... und dabei bist du einige Jahre älter als ich, und ich habe Respekt vor dem Alter, ich achte Leute, die älter sind als ich, aber dich respektiere ich nicht, Alice. Überhaupt nicht! (Verwirrtes Schweigen.)

Es wird den Leser vielleicht beruhigen zu wissen, daß diese beiden Frauen sich gegen Ende der Sitzung weitaus besser verstanden und einander fast akzeptierten. Aber das *war* eine Konfrontation!

12. *Die helfende Beziehung außerhalb der Gruppensitzungen.* Keine Darstellung eines Gruppenprozesses ist meiner Meinung nach vollständig, ohne die vielfältigen Möglichkeiten zu erwähnen, wie Gruppenmitglieder einander helfen. Einer der erregenden Aspekte jeder Gruppenerfahrung ist die Tatsache, daß die einzelnen Mitglieder einander helfen, wenn einer Mühe hat, sich selbst auszudrücken, oder sich mit einem persönlichen Problem herumschlägt oder aufgrund einer schmerzhaften neuen Entdeckung in bezug auf sich selbst leidet. Das kann innerhalb der Gruppensitzungen geschehen, wie früher bereits erwähnt wurde, aber noch wesentlich häufiger geschieht es bei Kontakten außerhalb der Gruppe. Wenn ich sehe, wie zwei Leute zusammen spazierengehen oder sich in einer Ecke sitzend miteinander unterhalten, oder wenn ich erfahre, daß sie bis drei Uhr morgens aufgeblieben sind, dann weiß ich, daß ich aller Wahrscheinlichkeit nach in einer der nächsten Gruppensitzungen erfahren werde, daß die eine Person Kraft und Hilfe von der anderen bekommen und die zweite Person der ersten ihr Verständnis, ihre Hilfe, ihre Erfahrung – mit einem Wort: sich selbst – zur Verfügung gestellt hat. Viele Menschen besitzen eine unglaubliche Begabung, zu helfen und zu heilen, sobald sie sich dazu frei genug fühlen, und die Erfahrungen einer Encounter-Gruppe scheinen den Menschen diese Freiheit zu geben.

Ich möchte Ihnen ein Beispiel für die heilende Wirkung der Einstellungen von Gruppenmitgliedern außerhalb wie innerhalb von Gruppensitzungen geben. Es ist einem Brief entnommen, den ein Mitglied eines Workshops der Gruppe einen Monat später schrieb. Der junge Mann berichtet von den Schwierigkeiten und den deprimierenden Umständen, denen er im Laufe dieses Monats ausgesetzt war. Er fügte hinzu:

»Ich bin zu dem Schluß gekommen, daß meine Erfahrungen mit euch eine tiefe Wirkung auf mich gehabt haben. Ich bin dafür sehr dankbar. Das war etwas ganz anderes als eine Einzeltherapie. Keiner von euch *mußte* sich um mich kümmern. Keiner von euch erzählte mir, was mir seiner Meinung nach helfen würde. Keiner von euch sagte mir, daß ich euch geholfen habe. Dennoch habt ihr mir geholfen, und das Ergebnis ist, daß meine Erlebnisse mit euch von größerer Bedeutung für mich sind als alles andere, was ich bislang erlebt habe. Wenn ich das Bedürfnis verspüre, mich zurückzuhalten und – aus welchen Gründen auch immer – nicht spontan zu reagieren, dann erinnere ich mich, daß zwölf Menschen, die kaum anders waren als die Menschen, die ich jetzt vor mir habe, mir sagten: Komm, entspanne dich, sei du selbst. Und dafür liebten sie mich sogar noch, was kaum zu glauben ist. Das hat mir seither häufig den Mut gegeben, aus mir herauszutreten, und oft scheint es mir, als würde ich dadurch anderen helfen, eine ähnliche Freiheit zu erleben.«

13. *Die grundlegende Begegnung.* Kennzeichnend für einige der Trends, die ich hier beschrieben habe, ist die Tatsache, daß die Menschen viel engeren und direkteren Kontakt zueinander finden, als es im normalen Alltagsleben üblich ist. Dies ist wahrscheinlich einer der zentralsten, intensivsten und wichtigsten Aspekte der Gruppenerfahrung. Um das zu illustrieren, möchte ich ein Beispiel aus einer Workshop-Gruppe anführen. Ein Mann berichtet unter Tränen vom tragischen Verlust seines Kindes; zum erstenmal erlebt er seinen Schmerz voll und ganz, ohne seine Gefühle in irgendeiner Weise zurückzuhalten. Ein anderer Mann sagt zu ihm, ebenfalls mit Tränen in den Augen: »Ich habe noch nie zuvor wirklich physisch unter dem Schmerz eines anderen gelitten. Mit allem, was ich bin, fühle ich mit Ihnen.« Das ist eine grundlegende Begegnung gewesen.

Aus einer anderen Gruppe schreibt mir eine Mutter mit mehreren Kindern, die sich selbst als »lautes, widerborstiges und überaktives Individuum« bezeichnet. Ihre Ehe steht kurz vor dem Zusammenbruch, und für sie erschien das Leben nicht mehr lebenswert:

»Ich hatte viele Gefühle unter einer dicken Zementschicht begraben, weil ich fürchtete, daß die Leute über sie lachen würden, was sich natürlich auf meine Familie und mich selbst in vielfacher Hinsicht ungeheuer negativ auswirkte. Dem Workshop sah ich mit gemischten Gefühlen, aber auch mit letzten Resten von Hoffnung entgegen. (Sie berichtet über einige Erfahrungen innerhalb der Gruppe und fügt hinzu:) Was alles mit einem Schlag änderte, war eine Geste von Ihnen. Ich hatte irgendwas darüber gesagt, daß Sie kein Mitglied der Gruppe sind und sich an Ihrer Schulter niemand ausweinen kann. Sie legten mir daraufhin einfach den Arm um die Schulter. Am Abend zuvor hatte ich in mein Tagebuch geschrieben: ›Es gibt keinen Mann auf der Welt, der mich liebt!‹ Und an jenem Nachmittag schienen Sie so echt besorgt um mich, daß ich ganz überwältigt war. Ich fühlte mich durch Ihre Geste zum ersten Mal wirklich akzeptiert, so wie ich war, dumm und widerborstig. Das hatte ich noch nie zuvor erlebt. Sie können sich sicher vorstellen, wie dankbar und erleichtert ich war. In mein Tagebuch schrieb ich: ›Ich fühlte mich tatsächlich *geliebt*!‹ Ich glaube kaum, daß ich das so bald vergessen werde.«

Solche Ich-Du-Beziehungen treten in diesen Gruppensitzungen mit ziemlicher Häufigkeit auf und lösen bei den Teilnehmern fast immer Tränen aus.

Ein Mitglied, das kurz nach einem Workshop versuchte, seine Erfahrungen niederzuschreiben, spricht von der »Bindung an eine Beziehung«, die sich bei zwei Individuen entwickelt, wobei sich die beiden Personen unter Umständen zunächst gar nicht sonderlich mochten. Dieser Mann schreibt weiter: »... die Mitglieder der Gruppe erfuhren immer wieder das schier Unglaubliche, daß nach dem umfassenden Ausdruck negativer Gefühle gegenüber einem anderen die Beziehung wuchs und das negative Gefühl durch tiefes Akzeptieren des anderen ersetzt wurde ... Es schien sich wirklich etwas zu verändern, wenn Gefühle im Kontext der Beziehung ausgedrückt und erfahren wurden. ›Ich kann die Art, in der du redest, nicht *ausstehen*!‹, verwandelte sich in echtes Verstehen und Mögen der *Art*, in der der andere redet.« Diese Erklärung umfaßt einige der komplexeren Bedeutungen des Begriffs grundlegende Begegnung.

14. *Der Ausdruck positiver Gefühle*. Wie im letzten Abschnitt bereits angedeutet, scheint es ein wesentlicher Teil des Gruppenprozesses zu

sein, daß sich positive Gefühle und große Nähe ergeben, wenn in einer Beziehung Gefühle ausgedrückt und akzeptiert werden können. Im Verlauf der Sitzungen stellt sich daher ein zunehmendes Gefühl der Wärme und des Vertrauens ein, das nicht nur auf positiven Einstellungen beruht, sondern auf dem echten Ausdruck positiver wie negativer Gefühle. Ein Gruppenmitglied faßte dies kurz nach einem Workshop in den Worten zusammen: »Ich glaube, das hat etwas mit dem zu tun, was ich Bestätigung nenne – eine Art Bestätigung meiner selbst, der Einmaligkeit des Menschen – eine Bestätigung, daß etwas Positives entsteht, wenn wir menschlich zueinander sein können.«

Ein besonders eindeutiger Ausdruck dieser positiven Einstellungen zeigte sich in der Gruppe, in der Norma Alice mit ihren zornigen Gefühlen konfrontierte. Die Gruppenleiterin Joan war zutiefst verstört und begann zu weinen. Die positiven und heilenden Einstellungen der Gruppe in bezug auf ihren Leiter sind ein ungewöhnliches Beispiel für die Nähe der Beziehungen.

Joan (weinend): Ich habe irgendwie das Gefühl, daß es für mich so verdammt einfach ist, mich in eine andere Person zu versetzen, und ich glaube, ich spüre das alles, bei John, bei Alice, und bei dir, Norma.
Alice: Und wer leidet, bist du.
Joan: Vielleicht nehme ich einiges von diesem Leiden in mich auf. Ja, ich glaube, das ist es. (Weint.)
Alice: Das ist eine wunderbare Gabe. Ich wollte, ich besäße sie auch.
Joan: Du besitzt davon sehr viel.
Peter: In einer Weise trägst du – ich glaube, weil du die Leiterin bist, trägst du wahrscheinlich eine besonders schwere Last – für uns alle ... Wir versuchen uns gegenseitig zu akzeptieren, so wie wir sind – und ich glaube, jeder von uns sagt auf seine Weise, *bitte*, akzeptiert mich. Ich möchte das *hier* lassen, und ...
Norma: Und dann tun wir es nicht.
Peter: Und jetzt laden wir dir diese Last auf, vielleicht – und mit deinen Gefühlen kann es eine besonders schwere Last sein, wenn Leute dich bitten, sie zu akzeptieren. Meinst du, das könnte es sein?
Joan (immer noch weinend): Ich will wirklich nicht den Leuten die Schuld geben; ich glaube, das ist – das ist *mein* Problem, wirklich –, daß ich diese Last, oder was es auch sein mag, auf mich

nehme. Ich meine, ich würde das genauso gut tun, wenn ich nicht Leiterin der Gruppe wäre – ich glaube nicht, daß es an der Rolle liegt.
Peter: Nein, nein, sicher nicht.
Norma: Ganz bestimmt nicht.
George: Ich glaube nicht, daß es das ist, was die Leute dir aufladen. Ich glaube viel eher, daß es deine unwahrscheinliche Sensitivität ist – das, was du davon in die Gruppe einbringst –, und dann trägst du die Last, ich glaube, du bedeutest mir jetzt sehr viel mehr als zuvor. Manchmal wunderte ich mich über dich und fragte mich, ob wir für dich Menschen sind oder Klienten. Ich glaube, ich habe diese Woche allerdings einmal gesagt, daß ich das Gefühl habe, du würdest uns das Skelett im Schrank zeigen, wenn es jemals erforderlich wäre oder wenn du es für notwendig hieltest. Du bist eben in allen Dingen sehr ehrlich. Und ich finde, das zeigt auch, daß du – ich meine, eben hast du es bewiesen; eben hast du uns die andere Seite von dir gezeigt, die wir die ganze Woche über nie zu sehen bekamen. Es tut mir leid, daß ich so bin – daß ich dir nicht helfen kann, damit es dir besser geht.

Mancher wird seine Zweifel äußern angesichts einer Gruppenleiterin, die so empfindlich ist, daß sie aufgrund der Spannungen innerhalb der Gruppe, die sie in sich aufgenommen hat, in Tränen ausbricht. Für mich ist dies jedoch lediglich ein weiterer Beweis dafür, daß die Menschen, wenn sie ehrlich und aufrichtig in ihren Beziehungen zueinander sind, eine erstaunliche Fähigkeit besitzen, einen anderen Menschen mit echter und verstehender Liebe zu heilen, gleichgültig, ob diese Person ein Gruppenmitglied oder die Leiterin einer Gruppe ist.

15. *Das Verhalten ändert sich in der Gruppe.* Aus vielfältigen Beobachtungen läßt sich schließen, daß sich das Verhalten innerhalb der Gruppe selbst häufig ändert. Auch Gesten ändern sich. Und die Stimmen werden manchmal lauter, manchmal sanfter, meist aber spontaner, weniger gekünstelt und gefühlvoller. Überhaupt zeigen die Mitglieder ein erstaunliches Maß an Aufmerksamkeit und Hilfsbereitschaft gegenüber dem anderen.
Unser Hauptinteresse gilt jedoch den Veränderungen des Verhaltens, die im Anschluß an die Gruppenerfahrung auftreten. Diese Tatsache ist noch längst nicht umfassend genug erforscht worden. Ein

Gruppenmitglied zählt die Veränderungen auf, die es bei sich selbst im Anschluß an eine Gruppenerfahrung festgestellt hat. Diese Aufzählung mag manchem etwas übertrieben erscheinen, aber ähnliche Veränderungen haben auch andere ehemalige Gruppenmitglieder bei sich festgestellt. Der junge Mann schreibt: »Ich bin offener, spontaner. Ich drücke mich leichter und freier aus. Ich bin mitfühlender, einfühlender und toleranter geworden. Ich habe mehr Vertrauen. Ich bin auf meine Weise religiöser geworden. Meine Beziehungen zu meiner Familie, meinen Freunden und Mitarbeitern sind ehrlicher, und ich drücke meine Zuneigung und Abneigung und meine wirklichen Gefühle offener aus. Ich gebe schneller zu, daß ich etwas nicht weiß. Ich bin fröhlicher. Ich habe häufiger den Wunsch, anderen zu helfen.«

Ein anderes Gruppenmitglied sagt: »Seit meiner Erfahrung mit dem Workshop habe ich eine neue Beziehung zu meinen Eltern gefunden. Es war nicht leicht, aber ich kann jetzt freier mit ihnen reden, besonders mit meinem Vater. Meiner Mutter komme ich langsam näher, als ich es in den letzten fünf Jahren je gewesen bin.« Ein Mann erzählt: »Die Gruppenerfahrung hat meine Gefühle in bezug auf meine Arbeit geklärt und mich ehrlicher und fröhlicher im Umgang mit meinen Mitarbeitern werden lassen. Sie hat meine Beziehung zu meiner Frau offener und tiefer gemacht. Wir fühlen uns seither freier und reden über alles im Vertrauen darauf, daß wir mit allem, was wir bereden, auch fertig werden können.«

Manchmal sind die festgestellten Veränderungen sehr subtil. »Die wichtigste Veränderung ist die positivere Einstellung zu meiner Fähigkeit, andere anzuhören und auf den ›stummen Schrei‹ eines anderen einzugehen.«

Auf die Gefahr hin, daß das Ergebnis manchem Leser allzu positiv erscheinen mag, möchte ich noch hinzufügen, was eine Mutter kurz nach einem Workshop schrieb. »Die direkte Auswirkung auf meine Kinder war für mich und meinen Mann besonders interessant. Ich glaube, die Tatsache, daß eine Gruppe von lauter Fremden mich so akzeptiert und geliebt hat, war für mich derart stärkend, daß sich bei meiner Rückkehr nach Hause meine Liebe zu den Menschen, die mir am nächsten stehen, viel spontaner zeigte. Die Erfahrung, akzeptiert und geliebt zu werden und selbst zu lieben und zu akzeptieren, wirkte sich auch auf die Beziehungen zu meinen engeren Freunden aus.«

In einem späteren Kapitel werde ich versuchen, die verschiedenen

Arten von positiven wie negativen Veränderungen des Verhaltens zusammenzufassen.

Fehlschläge, Nachteile, Gefahren

Bis hierher könnte man meinen, daß jeder Aspekt des Gruppenprozesses positiv sei. Soweit es sich beurteilen läßt, scheint der Prozeß für die Mehrheit der Teilnehmer fast immer ein positiver zu sein. Dennoch kommt es zu Fehlschlägen. Lassen Sie mich deshalb kurz einige der negativen Aspekte des Gruppenprozesses beschreiben, wie sie bisweilen auftreten.

Der offensichtlichste Mangel der intensiven Gruppenerfahrung liegt darin, daß die erreichten Veränderungen des Verhaltens häufig nicht von Dauer sind. Das wird von den Teilnehmern oft selbst erkannt. Einer schreibt: »Ich wollte, ich wäre imstande, die ›Offenheit‹ beizubehalten, mit der ich die Gruppe verließ.« Ein anderer sagt: »Ich habe in dem Workshop sehr viel Wärme, Liebe und Akzeptierung erfahren. Aber es fällt mir schwer, dies alles mit Leuten außerhalb des Workshops in der gleichen Weise zu teilen. Ich finde es einfacher, in meine alte unemotionale Rolle zurückzufallen, statt die Arbeit zu leisten, die für offene Beziehungen notwendig ist.«

Manchmal erleben Gruppenmitglieder dieses »Rückfall«-Phänomen mit Gelassenheit. »Die Gruppenerfahrung ist keine Lebensweise, sondern eine Orientierungshilfe. Meine Vorstellungen von unserer Gruppe geben mir – obwohl ich mir über manche ihrer Bedeutungen nicht klar bin – eine angenehme und nützliche Perspektive in bezug auf meine Alltagsroutine. Sie sind wie ein Berg, den ich erstiegen habe und zu dem ich hoffentlich bei Gelegenheit zurückkehren möchte.« Ich werde auf dieses Rückfall-Phänomen in dem Kapitel über Forschungsergebnisse noch einmal zurückkommen.

Ein zweites Risiko der intensiven Gruppenerfahrung, das in öffentlichen Diskussionen besonders häufig herangezogen wird, liegt darin, daß ein Individuum in der Gruppe vielleicht sehr viel von sich preisgibt, dann aber mit Problemen allein gelassen wird, die nicht aufgearbeitet wurden. Es gibt viele Berichte von Leuten, die im Anschluß an eine Intensiv-Gruppe glaubten, zu einem Therapeuten gehen zu müssen, um die Gefühle durchzuarbeiten, die in der Gruppe zutage getreten, aber ungeklärt geblieben waren. Natürlich läßt sich ohne nähere Kenntnis der jeweiligen individuellen Situation nur schwerlich sagen, ob dies ein negatives oder ein teilweise beziehungsweise gänzlich positives Ergebnis ist. Bisweilen, wenn auch sehr selten, erfährt man von Personen, die während oder direkt nach einer intensiven Gruppenerfahrung in eine Psychose gerieten. Andererseits ist es eine Tatsache, daß manche Individuen offenkundig psychotische Phasen im Kontext einer Encounter-Gruppe sehr konstruktiv durchlebt haben. Ich glaube, je positiver der Gruppenprozeß verläuft, desto unwahrscheinlicher ist es, daß jemand durch die Teilnahme an einer Gruppe psychische Schäden erleidet. Es ist jedoch nicht zu bestreiten, daß dies ein wichtiges Problem darstellt, über das wir noch längst nicht genug wissen.

Ein Teilnehmer eines Workshops beschreibt sehr eindringlich die Spannungen, die sich bei manchen Gruppenmitgliedern aufgrund dieser möglichen Schädigungen einstellen. »Ich erlebte in diesem Workshop einige für mich sehr kostbare Augenblicke, in denen ich mich bestimmten Personen wirklich sehr nahe fühlte. Es gab aber auch beängstigende Momente, in denen ich das Potential des Gruppenprozesses deutlich spürte und erkannte, daß es einen Menschen sehr tief verletzen oder ihm ungeheuer helfen konnte – nur wußte ich nicht, wie es enden würde.«

Die Encounter-Gruppe birgt noch eine weitere Gefahr in sich. Bis vor wenigen Jahren war es nicht üblich, daß Ehepaare gemeinsam an einem Workshop teilnahmen. Das kann zu einem echten Problem werden, wenn sich während des Workshops oder im Anschluß daran bei einem Ehegatten eindeutige Veränderungen einstellen. Ein Mann schreibt dazu: »Ich glaube, es ist für eine Ehe sehr gefährlich, wenn nur ein Ehepartner an einer Gruppe teilnimmt. Für den anderen ist es zu schwierig, mit der Gruppe zu konkurrieren.« Es ist eine der häufigsten Nachwirkungen einer intensiven Gruppenerfahrung, daß eheliche Spannungen, die bislang verdeckt worden waren, nun offen zur Diskussion stehen.

Ein weiteres Risiko, das in gemischten Workshops nicht selten neue Schwierigkeiten verursacht, liegt darin, daß sich zwischen Mitgliedern der Gruppe sehr positive, warme und liebende Gefühle entwickeln (wie deutlich aus einigen vorangegangenen Beispielen und aus späteren Kapiteln hervorgeht). Einige dieser Gefühle haben durchaus auch eine sexuelle Komponente, was für die Gruppenteilnehmer problematisch und für die zu Hause gebliebenen Ehepartner bedrohlich werden kann, wenn diese Dinge innerhalb des Workshops nicht ausreichend durchgearbeitet werden. Außerdem kann es zu einer Quelle ständiger ehelicher Schwierigkeiten werden, wenn zum Beispiel eine

Ehefrau nicht an der Gruppe teilgenommen hat, aber ihre Ängste in bezug auf den Verlust des Mannes – ob begründet oder nicht – auf die Workshop-Erfahrung überträgt, die er ohne sie gemacht hat.

Ein Mann, der an einer gemischten Gruppe teilgenommen hatte, schrieb mir ein Jahr später und erwähnte dabei die Spannungen in seiner Ehe, die sich aus seiner Bekanntschaft mit Marge, einem Mitglied seiner Gruppe, ergeben hatten. »Marge war ein Problem. Bei mir hatte sich ein sehr warmes Gefühl für Marge entwickelt, ein großes Mitleid, denn ich spürte, daß sie sehr einsam war. Ich glaube, daß sie diese Wärme in gleicher Weise erwiderte. Jedenfalls schrieb sie mir einen langen zärtlichen Brief, den ich meiner Frau zu lesen gab. Ich war stolz, daß Marge diese Gefühle für mich hegte. (Er hatte sich zuvor sehr minderwertig gefühlt.) Aber meine Frau war beunruhigt, weil sie in den Brief eine Liebesaffäre hineinlas – oder zumindest eine potentielle Gefahr. Ich hörte auf, Marge zu schreiben. Kurz darauf nahm meine Frau selbst an einer Encounter-Gruppe teil, und seither versteht sie mich. Jetzt schreibe ich Marge wieder.« Sicherlich enden nicht alle derartigen Episoden so harmonisch.

In diesem Zusammenhang ist es interessant, daß in den letzten Jahren immer mehr Workshops für Ehepaare veranstaltet wurden.

Eine andere Gruppenteilnehmerin, Emma, eine geschiedene Frau mit mehreren Kindern, berichtet sehr offen, wie sie sich in einen Mann aus ihrer Gruppe verliebte.

»... Schon in der ersten Woche fiel mir in der Gruppe ein Mann auf, der sich seiner Männlichkeit sehr bewußt schien, aber dennoch sehr viel Wärme und Freundlichkeit ausstrahlte. Diese Mischung zog mich sehr an, und ich erkannte, daß ein Mann wie er mir Frieden geben konnte. Gegen Ende der ersten Woche hatten wir festgestellt, daß wir viele Dinge gemeinsam hatten. Wir saßen oft unter den Pinien und sprachen miteinander. Einmal sagte er im Anschluß an eine Gruppensitzung: ›Emma, ich glaube, ich sehe, daß du für deinen Mann eine Bedrohung warst, und ich glaube, daß du das gleiche für andere Männer werden könntest.‹ Als Antwort auf meine unausgesprochene Frage sagte er: ›Du bist so verdammt sicher, daß du recht hast, wenn du zu einer Einsicht gelangst.‹ Meine Selbstachtung war auf den Nullpunkt gesunken. Wir brachen auf und gingen zur nächsten Gruppensitzung, und er setzte sich neben mich. Etwa fünf Minuten später drehte er sich mit Tränen in den Augen zu mir um und sagte: ›Mein Gott, Emma, was ich in dir gesehen habe, ist genau das, was ich jeden Tag und in jeder Gruppensitzung bei mir selbst feststelle.‹ Auf diese Bemerkung hin verliebte ich mich in ihn mit Haut und Haaren. Er hatte ausgesprochen, daß dieses Problem bei Männern ebenso zu finden ist wie bei Frauen, und mich damit aus dem Käfig befreit, auf dem stand: ›Eine Gefahr für alle Männer.‹

Samstagnachmittag fuhr Allen nach Hause zu seiner Familie. Als er Sonntagabend zurückkam, hatte ich das Gefühl, daß er mich mit Augen ansah, aus denen nichts als Liebe sprach, und meine Welt war in Ordnung. Montagmorgen wachte ich schluchzend auf. Ich war ein kleines Mädchen in einem kurzen Spitzenkleid. Eine verschwommene männliche Gestalt erschien zögernd am Rande der Szene. In den nächsten drei Stunden erfuhr ich, wie es ist, von einem Vater geliebt zu werden. Interessant war, daß ich in diesen drei Stunden nie das Gefühl verlor, eine Frau zu sein, die in einen Mann verliebt ist. Irgendwie schien Allens Liebe zur rechten Zeit und am rechten Ort das Gefühl der Vaterliebe zuzulassen und damit unsere Begegnung zu erhöhen. Es tut mir leid, wenn ich mich nicht klar genug ausdrücke, aber besser kann ich es nicht ...

... Freitagmorgen war unser letzter Tag, und Allen bestand darauf, daß wir nach der Gruppe noch ein paar Minuten allein blieben. Wir setzten uns auf eine niedrige Felsmauer in die Sonne. Er fragte mich, wie die zwei Wochen für mich gewesen seien, und ich sagte darauf ungefähr dies: ›Unsere Beziehung war wunderbar und zart. Seit ich dir vertraut habe, bin ich sicher, daß du den Weg finden kannst. Die Zukunft? Ich glaube nicht, daß ich mir einbilden werde, du seist mein Ehemann. Ich glaube, ich werde dich immer lieben und ehren als den Allen E., der durch seine Liebe in mir die Fähigkeit geweckt hat, eine liebenswerte und liebende Frau zu sein. Ich hoffe, daß diese Erfahrung dir bewußter gemacht hat, wie groß deine Fähigkeit ist, ein liebender Mann zu sein. Was uns in der Zukunft Kraft geben wird? Ich glaube, unser beider Wissen wird uns stärken, daß wir jeder auf seine Weise den anderen, mit denen wir leben, unseren Familien und Kollegen, helfen können werden. Ich habe das deutliche Gefühl, daß meine drei Kinder, wenn sie mein neues Ich wahrnehmen, erfahren werden, wie es ist, einen Vater zu haben.‹ Als ich geendet hatte, meinte Allen, der sich soviel besser ausdrücken kann als ich, mit Tränen in den Augen: ›Das hast du wunderschön gesagt. Wir haben ein Leben gemeinsam gelebt.‹

Seit ich zu Hause bin, fällt eine Angst nach der anderen von mir ab, und mein neues Ich beginnt in einer neuen Welt zu leben.«

Hier wurde eine tiefe und zarte Liebesbeziehung sehr reif gehandhabt. Ich bin sicher, daß diese Beziehung bei beiden Personen zu weiterem Wachsen und weiterer Entwicklung führte.

In den letzten Jahren ist deutlich geworden, daß Encounter-Gruppen noch eine weitere negative Möglichkeit in sich bergen. Personen, die an früheren Encounter-Gruppen teilgenommen haben, können auf neuere Workshops, an denen sie teilnehmen, einen unguten Einfluß ausüben. Sie haben häufig das Gefühl, die »Spielregeln« zu kennen, und versuchen offen oder unter der Hand, den Neulingen diese Regeln aufzudrängen. Statt echten Ausdruck von Gefühlen oder Spontaneität zu fördern, rufen sie Schuldgefühle bei den Mitgliedern wach, die nicht gleich imstande sind, ihre Gefühle auszudrücken, die sich weigern, Kritik oder Feindseligkeit auszusprechen, über Situationen außerhalb der Gruppe zu reden oder Angst haben, sich zu entblößen. Diese »alten Hasen«, wie ich sie manchmal nenne, versuchen meiner Ansicht nach, die alten konventionellen Restriktionen durch eine neue Art der Tyrannisierung interpersonaler Beziehungen zu ersetzen. Das ist für mich eine totale Verkehrung des wahren Gruppenprozesses. Wir müssen uns fragen, woher diese Travestie der Spontaneität kommt. Ich persönlich hege in erster Linie Zweifel an der Leitung der Gruppen, an denen diese Personen früher teilgenommen haben.

Schluß

Ich habe versucht, ein naturalistisches und anschauliches Bild von den Elementen des Prozesses zu zeichnen, die in der freiheitlichen Atmosphäre einer Encounter-Gruppe aufzutreten pflegen. Ferner habe ich auf die Nachteile und Gefahren der Gruppenerfahrung aufmerksam gemacht. Ich hoffe, es ist darüber hinaus klargeworden, daß in diesem Bereich noch ungemein viel erforscht und untersucht werden muß.

3.
Kann ich in einer Gruppe eine fördernde Funktion haben?

Als ich das Kapitel über den Prozeß von Encounter-Gruppen beendet hatte, dachte ich, daß der nächste logische Schritt ein Kapitel über »Die Förderung und Leitung von Encounter-Gruppen wäre.« Aber irgendwie sprach mich das überhaupt nicht an, und ich ließ die Arbeit mehr als ein Jahr lang liegen. Immer wieder dachte ich an die vielen verschiedenen Arbeitsweisen von Gruppenleitern, mit denen ich zusammengearbeitet hatte oder die ich kannte. Alles, was ich über Gruppenleitung schreiben könnte, mußte durch die gebotene Kürze allein schon so homogen sein, daß jede darin enthaltene Wahrheit in gewissem Maße auch wieder eine Verfälschung wäre.

Dann dachte ich daran, das Thema einzuschränken und über »Meine Art der Gruppenleitung« zu schreiben, in der Hoffnung, auf diese Weise andere anzuregen, das gleiche zu tun. Aber in Gesprächen mit verschiedenen anderen Gruppenleitern kam ich zu dem Schluß, daß auch dies nicht das richtige Thema war, weil es immer noch nach Expertentum klang, was zu betonen nicht meine Absicht war. Ich glaube, der derzeitige Titel drückt meine eigentliche Absicht am besten aus. Ich möchte so offen wie möglich über meine Bemühungen schreiben, in einer Gruppe eine den Prozeß fördernde Person zu sein, und soweit wie möglich darlegen, wo meine Stärken, Schwächen und Unsicherheiten liegen, wenn ich versuche, mich wirkungsvoll in der Kunst der interpersonalen Beziehungen zu betätigen.

Hintergrund der Philosophie und Einstellungen

Einer Gruppe tritt man nicht als eine *tabula rasa* bei. Deshalb möchte ich kurz mitteilen, welche Einstellungen und Überzeugungen ich mitbringe.

Ich vertraue darauf, daß eine Gruppe, sofern das Klima einigermaßen förderlich ist, ihr eigenes Potential und das ihrer Mitglieder erschließt. Für mich ist diese Fähigkeit der Gruppe etwas Ehrfurchtgebietendes. Als Folge habe ich mit der Zeit sehr großes Vertrauen in den Gruppenprozeß entwickelt, das zweifellos dem Vertrauen gleicht, das ich in bezug auf den therapeutischen Prozeß hege, wenn dieser gefördert und nicht gesteuert wird. Mir erscheint die Gruppe wie ein Organismus, der seine eigene Richtung kennt, auch wenn er sie intellektuell nicht definieren kann. Ich fühle mich immer an einen medizinischen Film erinnert, der einst tiefen Eindruck auf mich machte. Er zeigte, wie die weißen Blutkörperchen sich relativ ziellos innerhalb des Blutkreislaufs bewegten, bis ein Krankheitserreger erschien. Auf diese Bakterie bewegten sie sich in einer Weise zu, die sich nur als planmäßig bezeichnen läßt. Sie umzingelten und zerstörten sie, dann bewegten sie sich wieder so ziellos und blindlings wie zuvor. In ähnlicher Weise scheint mir eine Gruppe die ungesunden Elemente innerhalb ihres Prozesses zu erkennen, zu überwinden oder zu eliminieren und aus diesem Ablauf als eine gesündere Gruppe hervorzugehen. Diese »Weisheit des Organismus« habe ich bei Gruppen immer wieder beobachtet.

Das bedeutet aber nicht, daß alle Gruppen »erfolgreich« [10]) sind oder daß der Prozeß immer der gleiche ist. Die eine Gruppe beginnt vielleicht auf einer sehr ausdrucksarmen, nichtssagenden Ebene und bewegt sich nur langsam, aber stetig auf eine größere Freiheit zu. Eine andere kann dagegen sehr spontan und ausdrucksfreudig beginnen und dennoch sehr lange brauchen, bis sie ihr Potential voll erschlossen hat. Beides scheint mir ein Teil des Gruppenprozesses zu sein, und ich vertraue jeder Gruppe im gleichen Maße, auch wenn meine persönliche Freude an der einen Gruppe größer sein kann als an der anderen.

Eine andere Einstellung hat mit Absichten zu tun. Gewöhnlich habe ich hinsichtlich einer Gruppe kein bestimmtes Ziel im Auge, sondern wünsche mir wirklich, daß sie ihre eigene Richtung findet. Es gibt jedoch Fälle, in denen ich aufgrund irgendwelcher persönlicher Vorurteile oder Ängste für eine Gruppe ein bestimmtes Ziel *habe*. Wenn dem so war, dann hat die Gruppe dieses Ziel entweder vereitelt oder sich so lange mit mir befaßt, bis es mir leid tat, daß ich mir überhaupt ein festes Ziel vorgenommen hatte. Ich betone die negativen Aspekte bestimmter fester Ziele, weil ich einerseits hoffe, sie zu

---

[10]) Was heißt »erfolgreich«? Vorläufig möchte ich diesen Begriff nur auf die einfachste Art definieren. Wenn einen Monat nach Abschluß der Gruppe eine bestimmte Anzahl der Teilnehmer das Gefühl hat, daß es eine sinnlose, unbefriedigende oder gar schmerzliche Erfahrung war, von der sie sich immer noch erholen, dann war die Gruppe für diese Leute sicher nicht erfolgreich. Wenn andererseits die meisten oder alle Mitglieder immer noch das Gefühl haben, es sei eine lohnende Erfahrung gewesen, die sie in ihrem Wachsen irgendwie weitergebracht hat, dann verdient sie es meiner Ansicht nach, als erfolgreiche Gruppe bezeichnet zu werden.

vermeiden, andererseits aber wünsche, daß in der Gruppe irgendeine Prozeßbewegung einsetzt. Ich glaube sogar, einige der wahrscheinlichen generellen Richtungen – wenngleich nicht irgendeine spezifische Richtung – vorhersagen zu können. Für mich ist das ein wichtiger Unterschied. Die Gruppe wird sich *bewegen* – dessen bin ich sicher –, aber es wäre anmaßend zu glauben, ich könnte oder sollte diese Bewegung in Richtung auf ein bestimmtes Ziel *lenken*.

Dieser Ansatz unterscheidet sich, soweit ich sehen kann, philosophisch nicht von dem Ansatz, den ich vor Jahren im Hinblick auf die Individualtherapie übernommen habe. Ich führe das auf ein in Gruppen erfahrenes persönliches Wachsen zurück.

Normalerweise ist die Frage, wie meine Art der Gruppenleitung auf andere Personen wirkt, für mich nicht interessant. In dieser Hinsicht fühle ich mich eigentlich kompetent und zufrieden. Andererseits weiß ich aus Erfahrung, daß ich zumindest vorübergehend auf einen Gruppenleiter eifersüchtig sein kann, der die Gruppe besser fördert als ich.

Meine Hoffnung ist, daß ich mit der Zeit ebenso ein Mitglied der Gruppe wie ihr Leiter werde. Das läßt sich schwer erklären, ohne den Eindruck zu erwecken, daß ich bewußt zwei verschiedene Rollen spiele. Wenn man ein Gruppenmitglied beobachtet, das wirklich und ehrlich es selbst ist, dann wird man sehen, daß es manchmal Gefühle, Einstellungen und Gedanken zu dem Zweck ausdrückt, das Wachsen eines anderen Gruppenmitglieds zu fördern. Bei anderen Gelegenheiten wird es mit der gleichen Offenheit und Echtheit Gefühle oder Sorgen ausdrücken, um selbst wachsen zu können. Damit habe ich auch mich selbst beschrieben, abgesehen von meinem Wissen, daß ich zu der zweiten Art des Ausdrucks eher in den späteren als in den frühen Phasen einer Gruppe neige. Aber immer ist das, was ich tue, ein Teil von mir und kein Rollenspiel.

Vielleicht ist hier noch eine weitere kurze Analogie von Nutzen. Wenn ich versuche, einem Fünfjährigen irgendein wissenschaftliches Phänomen zu erklären, dann ist meine Terminologie und selbst meine Einstellung eine gänzlich andere, als wenn ich das Phänomen einem aufgeweckten Sechzehnjährigen erklären würde. Bedeutet das, daß ich zwei verschiedene Rollen spiele? Natürlich nicht – es bedeutet einfach, daß zwei verschiedene Facetten meines wirklichen Selbst ins Spiel gebracht werden. Genauso möchte ich in dem einen Augenblick einer Person gegenüber förderlich sein und im anderen das Wagnis eingehen, einen neuen Aspekt meiner selbst darzulegen.

Ich glaube, die Art, in der ich eine fördernde Funktion ausübe, ist für das Leben der Gruppe wichtig, aber viel wichtiger als meine Bemerkungen oder mein Verhalten ist der Gruppenprozeß, der stattfinden wird, wenn ich ihn nicht aufhalte. Ich fühle mich den Gruppenmitgliedern gegenüber verantwortlich, aber ich fühle mich nicht *für* sie verantwortlich.

In jeder Gruppe wünsche ich mir bis zu einem gewissen Grad, daß die ganze Person gegenwärtig ist, affektiv wie kognitiv. Ich habe festgestellt, daß das nicht einfach zu erreichen ist, da die meisten von uns offenbar in irgendeinem gegebenen Augenblick nur das eine oder das andere sind. Dennoch bleibt dies eine Art des Seins, die für mich einen großen Wert hat. Ich versuche selbst, in dieser Hinsicht Fortschritte zu machen und in einer Gruppe voll und ganz gegenwärtig zu sein, die ganze Person einzubringen mit Gefühlen, die von Gedanken durchdrungen, und mit Gedanken, die von Gefühlen durchdrungen sind. Aus Gründen, die ich nicht ganz begreife, ist dies vor einiger Zeit in einer Gruppe von uns allen in höchst befriedigendem Maße erreicht worden.

Die das Klima bestimmende Funktion

Ich neige dazu, eine Gruppe höchst unstrukturiert zu eröffnen und allenfalls eine simple Bemerkung zu machen, etwa in der Art wie: »Ich glaube, am Ende dieser Gruppensitzungen werden wir einander wesentlich besser kennen, als wir es jetzt tun.« Oder: »So, da sind wir. Wir können aus dieser Gruppenerfahrung genau das machen, was wir machen wollen.« Oder: »Ich fühle mich nicht sonderlich wohl, aber es geht mir schon besser, wenn ich mich umsehe und feststelle, daß es allen anderen ähnlich geht. Wo wollen wir anfangen?« In einer auf Tonband protokollierten Diskussion mit einigen anderen Gruppenleitern erläuterte ich diese Auffassung folgendermaßen:

> »Weil ich der Gruppe vertraue, kann ich eigentlich von Anfang an in einer Gruppe locker und entspannt sein. Das ist vielleicht etwas übertrieben, denn zu Beginn der ersten Sitzung habe ich immer ein wenig Angst, aber im großen und ganzen denke ich: ›Ich habe zwar keine Ahnung, was jetzt kommt, aber was auch immer kommt, ich bin sicher, daß es das richtige ist.‹ Und ich teile den anderen in nichtverbaler Form mit: ›Keiner von uns weiß offenbar,

was geschehen wird, aber das scheint kein Grund zur Sorge zu sein.‹ Ich glaube, daß mein Entspanntsein und die Tatsache, daß ich nicht den Wunsch habe, zu dirigieren, auf die anderen befreiend wirkt.«

Ich höre jedem Individuum, das sich ausdrückt, so einfühlend, sorgsam und genau zu, wie ich nur kann. Gleichgültig ob das, was es sagt, oberflächlich oder bedeutsam ist, ich höre ihm zu. Für mich verdient jedes Individuum, das spricht, verstanden zu werden. Meine Kollegen sagen, daß ich die Person in diesem Sinne »bestätige«.

Es steht außer Zweifel, daß ich selektiv zuhöre, folglich »direktiv« bin, wenn man mich dessen beschuldigen will. Meine Aufmerksamkeit gilt dem Gruppenmitglied, das spricht, und zweifellos bin ich an den Einzelheiten seines Ehestreits oder an seinen Schwierigkeiten am Arbeitsplatz oder an dem, was er an den Darstellungen anderer auszusetzen hat, weit weniger interessiert als an der *Bedeutung*, die diese Erfahrungen jetzt für ihn haben, und an den *Gefühlen*, die sie in ihm wachrufen. Und auf diese Bedeutungen und Gefühle versuche ich zu reagieren.

Ich gebe mir alle Mühe, dem Individuum ein psychologisch sicheres Klima zu schaffen. Ich möchte, daß es von Anfang an das Gefühl hat: Wenn ich es riskiere, etwas sehr Persönliches oder Absurdes oder Feindseliges zu sagen, dann gibt es in diesem Kreis zumindest eine Person, die mich so weit respektiert, daß sie mir zuhört und das, was ich sage, als authentischen Ausdruck meines Selbst nimmt.

Es gibt noch einen etwas anderen Weg, auf dem ich versuche, dem Gruppenmitglied das Gefühl der Sicherheit zu vermitteln. Ich weiß genau, daß man die Erfahrung nicht ohne den Schmerz einer neuen Einsicht oder den Schmerz durch ehrliches Feedback von anderen machen kann. Aber ich möchte, daß das Individuum das Gefühl hat, daß ich – was immer auch *in* ihm oder *mit* ihm geschieht – psychologisch sehr stark *bei* ihm bin, in schmerzlichen wie in freudigen Augenblicken oder in Augenblicken, die beides zugleich sind und häufig das Wachsen anzeigen. Ich glaube, ich spüre in den meisten Fällen, wann ein Gruppenmitglied Angst hat oder verletzt ist, und in diesen Augenblicken gebe ich ihm zu verstehen, verbal oder nicht verbal, daß ich es wahrnehme und in seinem Schmerz oder seiner Angst bei ihm bin.

Das Akzeptieren der Gruppe

Ich habe mit einer Gruppe und mit dem einzelnen Gruppenmitglied sehr viel Geduld. Wenn ich eines gelernt und in den letzten Jahren immer wieder erfahren habe, dann dies, daß es letzten Endes ungemein lohnend ist, wenn man eine Gruppe so akzeptiert, wie sie *ist*. Wenn eine Gruppe rationalisieren will, ganz oberflächliche Probleme diskutieren möchte oder große Angst hat vor persönlicher Kommunikation, dann geht mir das weniger »auf die Nerven« als manchen anderen Gruppenleitern. Ich weiß, daß bestimmte Übungen oder Aufgaben, die der Gruppenleiter stellt, die Gruppe praktisch zu einer besseren »Hier-und-jetzt«-Kommunikation zwingen können. Es gibt Gruppenleiter, die in diesen Dingen sehr bewandert sind und zu Zeiten große Wirkungen erzielen. Ich bin jedoch Wissenschaftler genug, um immer wieder Nachuntersuchungen anzustellen, und ich weiß, daß das anhaltende Resultat solcher Verfahrensweisen bei weitem nicht immer so befriedigend ist wie die momentane Wirkung. Das kann im besten Fall zur Jüngerschaft (die ich gar nicht schätze) und zu Aussprüchen führen wie: »Welch wunderbarer Gruppenleiter. Er hat es geschafft, daß ich mich öffne, obwohl ich das gar nicht vorhatte.« Es kann aber auch dazu führen, daß die ganze Erfahrung abgelehnt wird. »Warum habe ich all diese verrückten Sachen gemacht, zu denen er mich aufgefordert hat?« Im schlimmsten Fall kann es dazu führen, daß die Person das Gefühl hat, ihr eigenes Selbst sei in irgendeiner Weise verletzt worden. Sie wird sich in Zukunft davor hüten, dieses Selbst noch einmal in einer Gruppe zu enthüllen. Aus eigener Erfahrung weiß ich, daß es auf längere Sicht nicht gut geht, wenn ich versuche, eine Gruppe auf eine tiefere Ebene zu drängen.

Deshalb habe ich für mich festgestellt, daß es sich lohnt, mit der Gruppe genau dort zu leben, wo sie sich befindet. Einmal arbeitete ich mit einer Gruppe sehr gehemmter Wissenschaftler – die meisten waren Naturwissenschaftler –, die ihre Gefühle nur sehr selten offen ausdrückten und bei denen es eine persönliche Begegnung auf einer tieferen Ebene einfach nicht gab. Aber auch diese Gruppe wurde viel freier, ausdrucksfreudiger und Neuerungen gegenüber aufgeschlossener. Unsere Sitzungen zeitigten viele positive Resultate.

Ähnliche Ergebnisse erbrachte meine Arbeit mit höheren Beamten aus dem Kulturbereich – sie zählen wahrscheinlich zu den starrsten, mit den bestfunktionierenden Abwehrmechanismen ausgestatteten Menschen in unserer Gesellschaft. Das heißt aber nicht, daß es immer leicht für mich ist. In einer Gruppe von Erziehern wurde sehr viel Oberflächliches geredet und sehr viel rationalisiert, aber nach und nach gelangte die Gruppe zu einer tieferen Ebene. Eines Abends wurde das Gespräch immer trivialer, bis jemand fragte: »Tun wir eigentlich das, was wir wollen?« Die Antwort war ein fast einstimmiges »Nein«. Aber wenige Augenblicke später drehte sich das Gespräch erneut um gesellschaftliche Dinge, die mich nicht interessierten. Ich war in einer schwierigen Lage. Um die anfänglich beträchtliche Angst innerhalb der Gruppe zu beschwichtigen, hatte ich in der ersten Sitzung deutlich gesagt, die Gruppe könne aus den Sitzungen machen, was sie wolle, und nun schien sie sehr laut zu sagen: »Wir wollen die teure und kostbare Zeit mit Reden über Nichtigkeiten verbringen.« Meine Langeweile und meinen Ärger auszudrücken schien mir ein Widerspruch zu der Freiheit, die ich ihnen eingeräumt hatte [11]). Nach einigen Minuten kam ich zu dem Schluß, daß sie absolut das Recht hatten, über Nichtigkeiten zu reden, während ich berechtigt war, mir das nicht anzuhören. Also stand ich auf, verließ den Raum und ging ins Bett. Die Reaktionen am nächsten Morgen waren so unterschiedlich wie die Teilnehmer. Einer fühlte sich getadelt und bestraft, ein anderer hatte das Gefühl, ich hätte sie hereingelegt, ein dritter schämte sich der Zeitverschwendung, und ein weiterer hatte sich über die nichtigen Reden genauso geärgert wie ich. Ich erklärte ihnen, daß ich versucht hatte, mich meinen widersprüchlichen Gefühlen entsprechend zu verhalten, daß sie jedoch das Recht hatten, die Sache auf ihre Weise zu sehen. Danach wurden die Interaktionen jedenfalls weitaus sinnvoller.

Akzeptierung des Individuums

Ich gestehe einem Gruppenteilnehmer das Recht zu, sich der Gruppe auszusetzen oder sich ihr zu verschließen. Wenn jemand psychologisch Abstand halten will, dann hat er dazu meine unausgesprochene Erlaubnis. Die Gruppe selbst kann damit einverstanden sein oder auch nicht, ich persönlich bin bereit, seine Haltung zu akzeptieren. Ein skeptischer Verwaltungskollege sagte, er habe in der Gruppe als Wichtigstes gelernt, daß er sich der persönlichen Teilnahme enthalten

---

[11]) Hätte ich in der ersten Sitzung gesagt: »*Wir* können daraus machen, was wir wollen« — was vorzuziehen und wahrscheinlich ehrlicher gewesen wäre —, dann wäre es mir leichter gefallen zu sagen: »Mir paßt nicht, was wir daraus machen.« Aber ich war ganz sicher, daß ich gesagt hatte: »*Ihr* könnt daraus machen, was ihr wollt.« Man muß für seine Fehler immer zahlen.

könne und sich dabei wohl fühle. Ich hielt dies für eine sehr wertvolle Erfahrung, da sie ihm wahrscheinlich bei nächster Gelegenheit eine persönliche Teilnahme leichtermachen würde. Aus Berichten über sein Verhalten ein Jahr nach Beendigung der Gruppe entnahm ich, daß er durch seine scheinbare Teilnahmslosigkeit gewonnen und sich verändert hatte.

Schweigen oder völliges Verstummen eines Individuums kann ich akzeptieren, vorausgesetzt, ich weiß genau, daß es sich nicht um unausgedrückten Schmerz oder um Widerstand handelt.

Ich neige nicht dazu, die Äußerungen eines Individuums anzuzweifeln. Als Gruppenleiter (wie in meiner Funktion als Therapeut) ziehe ich es entschieden vor, für leichtgläubig gehalten zu werden. Ich glaube daran, daß ein Individuum mir eine Sache so erzählt, wie sie sich ihm darstellt. Wenn nicht, dann hat es die Freiheit, sich zu einem späteren Zeitpunkt zu korrigieren und wird es wahrscheinlich auch tun. Ich habe keine Lust, meine Zeit mit der Überlegung zu verschwenden, was es *eigentlich* sagen will.

Ich reagiere *mehr* auf gegenwärtige Gefühle als auf Feststellungen über vergangene Erfahrungen, aber ich bin bereit, mir beides anzuhören. Ich halte nicht viel von der Vorschrift: »Wir reden nur über das Hier und Jetzt.«

Ich versuche klarzumachen, daß alles, was geschieht, auf Entscheidungen der Gruppe zurückgeht, gleichgültig ob diese klar und bewußt oder unsicher und unbewußt getroffen werden. Wenn ich mit der Zeit ein Mitglied der Gruppe geworden bin, dann trage ich mein Teil an Einfluß bei, aber ich kontrolliere die Geschehnisse nicht.

Einfühlendes Verstehen

Der wichtigste Aspekt meines Verhaltens in der Gruppe ist, daß ich versuche, die genaue Bedeutung dessen zu verstehen, was ein Individuum mitteilt.

Für mich gehört es zu diesem Verstehen, daß ich mich bemühe, die Kommunikation immer wieder auf das zurückzuführen, was sie der Person bedeutet. So reagierte ich auf die sehr komplizierte und etwas unzusammenhängende Feststellung eines Mannes mit der Antwort: »Mit der Zeit haben Sie also immer mehr Dinge für sich behalten, die Sie Ihrer Frau früher mitgeteilt hätten. Stimmt das?«

»Ja.«

Ich glaube, für den Ehemann hatte diese Reaktion eine klärende Wirkung, und den Gruppenmitgliedern war es danach leichter, ihn zu verstehen; sie brauchten zu den komplizierten Einzelheiten keine Fragen mehr zu stellen und konnten auf das eigentliche Problem des Mannes eingehen.

Wenn das Gespräch allgemein wird oder die Gruppenmitglieder anfangen zu rationalisieren, dann sage ich etwa: »Es wird hier zwar nur generell darüber gesprochen, was der einzelne in bestimmten Situationen tut, aber ich glaube, jeder spricht mit dem, was er sagt, in erster Linie für sich. Stimmt das?« Oder: »Du hast gesagt, wir alle tun oder fühlen dies oder jenes. Heißt das, daß *du* dies oder jenes tust und fühlst?«

Zu Beginn einer bestimmten Gruppe sagte Al etwas ziemlich Wichtiges. John, ein anderes Gruppenmitglied, begann ihm wieder und wieder Fragen über das zu stellen, was er gesagt hatte, aber ich hörte daraus mehr als Fragen. Ich sagte schließlich zu John: »Gut, du versuchst dahinterzukommen, was er gesagt und gemeint hat, aber ich glaube, du versuchst auch, *ihm* etwas zu sagen, nur weiß ich nicht, was es ist.« John dachte kurz nach und begann dann *für sich selbst* zu sprechen. Bis zu diesem Augenblick hatte er offensichtlich versucht, Al dazu zu bringen, daß er seine (Johns) Gefühle formulierte, um sie nicht selbst und als von ihm selbst kommend aussprechen zu müssen. Dieses Verhalten findet man sehr häufig.

Wenn unterschiedliche Gefühle ausgedrückt werden, habe ich den sehr starken Wunsch, beide Seiten gleichermaßen zu verstehen. So sagte ich in einer Gruppe, die über die Ehe diskutierte und in der zwei Mitglieder sehr unterschiedliche Ansichten äußerten: »Ihr beiden seid da sehr verschieden, denn du, Jerry, sagst: ›Ich suche in einer Beziehung Ruhe. Ich möchte, daß alles nett und reibungslos verläuft‹; und Winnie sagt: ›Zum Teufel damit! Was ich will, ist Kommunikation.‹« Das trug wesentlich dazu bei, die Unterschiede deutlicher zu machen und zu klären.

Meinen Gefühlen entsprechend handeln

Ich habe mit der Zeit gelernt, immer freier Gebrauch von meinen augenblicklichen Gefühlen zu machen, gleichgültig, ob der Gruppe als Ganzem, einem Individuum oder mir selbst gegenüber. Ich empfinde fast immer ein echtes Interesse an jedem einzelnen Mitglied und an der Gruppe als Ganzem. Das zu erklären ist schwer. Es ist einfach eine Tatsache. Ich achte jede Person; aber diese Achtung ist keine Garantie für eine bleibende Beziehung. Sie ist ein Interesse und ein Gefühl, das *hier und jetzt* existiert. Ich glaube, ich empfinde das so klar, weil ich nicht sage, daß es von Dauer ist oder sein wird.

Ich glaube, ich spüre sehr deutlich, wenn sich ein Individuum zu sprechen bereit fühlt oder gegen Schmerz, Tränen oder Zorn ankämpft. Ich sage dann etwas Ähnliches wie: »Laßt uns Carlene eine Chance geben.« – Oder: »Du siehst aus, als würde dich irgendwas bedrücken. Willst du darüber reden?«

Wahrscheinlich reagiere ich besonders auf Verletztsein mit einfühlendem Verstehen. Dieses Bedürfnis, zu verstehen und der Person in ihrem Schmerz psychologisch beizustehen, geht wahrscheinlich zum Teil auf meine Erfahrung als Therapeut zurück.

Ich bemühe mich, jedes nachhaltige Gefühl, das ich einem Individuum oder der Gruppe gegenüber empfinde, auszusprechen. Das ist natürlich bei Beginn einer Gruppe noch nicht möglich, da man zu diesem Zeitpunkt noch nicht von anhaltenden Gefühlen sprechen kann. Wenn mir also das Verhalten eines Gruppenmitgliedes in der ersten Gruppensitzung mißfällt, dann würde ich dieses Mißfallen noch nicht ausdrücken. Bliebe mir dieses Gefühl jedoch auch in den nächsten Sitzungen, dann würde ich es aussprechen.

Bei einem Gespräch über diesen Punkt sagte ein Gruppenleiter: »Ich habe versucht, mich an ein elftes Gebot zu halten: ›Du sollst immer sagen, wie du dich fühlst.‹« Ein anderer Gesprächsteilnehmer erwiderte: »Wissen Sie, wie ich darauf reagiere? Wir sollten immer die *Wahl* haben. Manchmal entschließe ich mich, meine Gefühle auszudrücken; bei anderen Gelegenheiten bin ich entschlossen, es nicht zu tun.«

Ich persönlich stimme eher mit der Äußerung des zweiten Gruppenleiters überein. Wenn man sich der komplizierten Vielfältigkeit seiner Gefühle in einem bestimmten Augenblick *bewußt* ist – das heißt, wenn man sich selbst hinreichend zuhört –, dann kann man sich *entscheiden*, ob man starke und anhaltende Einstellungen ausdrückt oder nicht ausdrückt, wenn einem der Augenblick höchst unpassend erscheint.

Ich *vertraue* den Gefühlen, Worten und Impulsen, die in mir auftauchen. Auf diese Weise setze ich mehr ein als nur mein bewußtes Selbst; ich verlasse mich auch auf die Fähigkeiten meines Organismus. Zum Beispiel: »Ich hatte gerade die Vorstellung, du seist eine Prinzessin und hättest es gern, wenn wir alle deine Untertanen wären.« Oder: »Ich spüre, daß du sowohl der Richter als auch der Angeklagte bist und unnachgiebig zu dir selbst sagst: Du bist in jedem Punkt schuldig.«

Die Intuition kann auch komplexere Formen annehmen. Während ein verantwortungsvoller Verwaltungsangestellter spricht, sehe ich vielleicht plötzlich den kleinen Jungen, den er mit sich herumträgt – den scheuen, ängstlichen kleinen Jungen, der er einmal war, den er aber zu leugnen versucht und dessen er sich schämt. Und ich wünsche mir, er würde dieses Kind lieben und umsorgen. Und dann spreche ich das aus – nicht als eine Wahrheit, sondern als etwas, das ich mir vorgestellt habe. Das führt häufig zu überraschend tiefen Einsichten und Reaktionen.

Ich möchte positive und liebende Gefühle genauso offen ausdrücken wie negative, enttäuschte oder ärgerliche Gefühle. Das kann unter Umständen riskant sein. In einem Fall habe ich vermutlich den Gruppenprozeß empfindlich gestört, weil ich in den ersten Sitzungen positive und warme Gefühle gegenüber einer Anzahl von Gruppenmitgliedern allzu stark ausgedrückt habe. Da mich die Gruppe immer noch als Gruppenleiter anerkannte, wurde es für andere schwieriger, ihre negativen und zornigen Gefühle auszusprechen. Dazu kam es erst in der letzten Gruppensitzung, und die ganze Erfahrung fand ein ausgesprochen unglückliches Ende.

Mir fällt es schwer, mir meiner zornigen oder ärgerlichen Gefühle schnell bewußt zu werden. Ich bedaure das; in dieser Hinsicht lerne ich aber langsam etwas dazu.

Es wäre gut, wenn man seine augenblicklichen Gefühle unbefangen ausdrücken könnte. In einer Encounter-Gruppe, in der sehr viel geschah, wurden die Gespräche auf Band aufgenommen. Erst zwei Jahre später hatte ich Gelegenheit, mir dieses Band anzuhören, und ich war erstaunt, welche Gefühle ich besonders anderen gegenüber ausgedrückt hatte. Wenn ein Mitglied dieser Gruppe mir (nach diesen zwei Jahren) gesagt hätte: »Dieses Gefühl haben Sie mir gegenüber ausgedrückt«, dann hätte ich das glatt abgestritten. Aber hier hatte ich den Beweis, daß ich als Person in einer Gruppe unbefangen, ohne jedes Wort abzuwägen oder mögliche Konsequenzen zu überlegen, die Gefühle ausgedrückt hatte, die ich im jeweiligen Augenblick empfand. Ich hielt das für sehr gut.

Ich scheine in einer Gruppe am besten zu funktionieren, wenn meine positiven oder negativen Gefühle in direkter Wechselwirkung zu denen eines Gruppenmitglieds stehen. Für mich bedeutet das Kommunikation auf einer tiefen Ebene, und bei dieser Kommunikation komme ich einer Ich-Du-Beziehung am nächsten.

Wenn ich etwas gefragt werde, versuche ich, meine eigenen Gefühle zu Rate zu ziehen. Spüre ich aber, daß die Frage wirklich eine Frage ist und keine andere Botschaft mit sich trägt, dann versuche ich sie nach bestem Wissen zu beantworten. Ich fühle mich jedoch nicht gezwungen, auf etwas zu antworten, bloß weil es als Frage formuliert wurde. In dieser Frage können andere Mitteilungen liegen, die viel wichtiger sind als die Frage selbst.

Ein Kollege erklärte mir einmal, ich würde »meine eigene Zwiebel häuten«, das heißt, ich würde Schicht für Schicht tiefer in meine Gefühle eindringen und sie ausdrücken, wenn sie mir in einer Gruppe bewußt werden. Ich kann nur hoffen, daß das stimmt.

Konfrontation und Feedback

Ich neige dazu, Individuen mit Eigenarten ihres Verhaltens zu konfrontieren. »Ich mag nicht, wie du alles ständig wiederholst. Mir scheint, du sagst eine Sache mindestens drei- oder viermal. Ich möchte viel lieber, du würdest schweigen, wenn du das, was du sagen willst, einmal gesagt hast.«

Oder ich konfrontiere eine andere Person mit meinen Gefühlen. »Heute morgen bin ich aufgewacht mit dem Gefühl: ›Ich will dich nie wieder sehen.‹«

Die Abwehr einer Person anzugreifen, scheint mir nicht richtig. Wenn jemand sagt: »Du versteckst deine Feindseligkeit vor uns« oder: »Du rationalisierst wahrscheinlich ständig, weil du Angst vor deinen eigenen Gefühlen hast«, dann halte ich diese Beurteilungen und Diagnosen für alles andere als förderlich. Enttäuscht mich jedoch das, was ich als die Kälte der Person wahrnehme, irritiert mich ihr Rationalisieren oder ärgert mich ihre Brutalität gegenüber einer anderen Person, dann möchte ich ihr diese Enttäuschung, diese Irritation oder diesen Ärger in *mir* vorhalten. Für mich ist das *sehr* wichtig.

Ich benutze bei der Konfrontation mit einer Person häufig ganz bestimmtes Material, das die Person zuvor mitgeteilt hat: »Jetzt sind Sie wieder der ›arme kleine Bauernjunge‹, wie Sie es genannt haben.« – Oder: »Jetzt scheinen Sie mir wieder genau das zu tun, was Sie vorhin beschrieben haben – Sie sind wieder das Kind, das um jeden Preis Aufmerksamkeit erregen will.«

Wenn ein Individuum durch meine Konfrontation oder durch die anderer Gruppenmitglieder getroffen zu sein scheint, dann bin ich sofort bereit, ihm zu helfen, wenn es das wünscht. »Sie sehen aus, als wäre Ihnen das im Augenblick genug. Möchten Sie, daß wir Sie jetzt in Ruhe lassen?« Seine Antwort ist das einzige, wonach man sich richten kann; manchmal wünscht ein Individuum, daß es weiter konfrontiert wird, auch wenn es noch so schmerzlich ist.

Ausdruck eigener Probleme

Wenn mich in meinem Leben etwas quält, bin ich bereit, das in der Gruppe auszudrücken, aber andererseits vergesse ich nicht, daß ich für die Leitung der Gruppe bezahlt werde und meine Probleme in einer anderen Gruppe oder mit einem Therapeuten bearbeiten sollte, statt die Zeit der von mir geleiteten Gruppe dafür zu beanspruchen. Wahrscheinlich bin ich in dieser Sache aber zu vorsichtig. In einem Fall hatte ich tatsächlich das Gefühl, die Gruppe zu hintergehen. Ich war von einem ernsten Problem sehr stark in Anspruch genommen, hatte aber das Gefühl, daß es die Gruppe nichts anging, und sprach nicht darüber. Im Nachhinein glaube ich, daß es für den Gruppenprozeß sehr förderlich gewesen wäre, wenn ich meine Sorgen ausgesprochen hätte; ich glaube, es wäre den anderen danach viel leichter gefallen, sich selbst auszudrücken.

Wenn ich mich nicht frei genug fühle, meine persönlichen Probleme zur Sprache zu bringen, hat das zwei negative Konsequenzen. Erstens höre ich den anderen nicht so gut zu wie sonst, und zweitens weiß ich aus Erfahrung, daß es die Gruppe sowieso merkt, wenn ich beunruhigt bin. Die Gruppe glaubt dann, *sie* sei in irgendeiner Weise die Ursache.

Vermeidung von Planung und »Aufgaben«

Ich versuche jedes Verfahren zu vermeiden, das *geplant* ist; gegen Künstlichkeit bin ich ausgesprochen allergisch. Wenn irgendein geplantes Verfahren ausprobiert wird, sollten die Gruppenmitglieder über die Planung genauso informiert sein wie der Gruppenleiter und selbst entscheiden, ob sie diesen Ansatz verwenden wollen oder nicht.

In ganz seltenen Fällen, wenn die Gruppe auf dem Nullpunkt angelangt oder ich selbst frustriert war, habe ich einen »Kunstgriff« ausprobiert, der aber meistens nichts gebracht hat – wahrscheinlich, weil ich selbst nicht glaube, daß es wirklich sinnvoll ist, damit zu arbeiten.

Man kann den Gruppenmitgliedern eine Verfahrensweise erklären, aber was daraus wird, hängt weitgehend von ihnen selbst ab. In einer teilnahmslosen Gruppe schlug ich ein »Spiel« vor, wie es andere Gruppen auch spielen, um etwas in Bewegung zu setzen. Es sollten zwei Kreise – ein äußerer und ein innerer – gebildet werden, und wer im äußeren Kreis stand, sollte versuchen, die Gefühle der Person auszudrücken, die ihm im inneren Kreis gegenüberstand. Die Gruppe beachtete den Vorschlag überhaupt nicht und tat, als sei er nie gemacht worden. Aber binnen einer Stunde hatte ein Mann den zentralen Aspekt des Vorschlags aufgegriffen und gesagt: »Ich möchte für John sprechen und sagen, was er meiner Ansicht nach *tatsächlich* fühlt.« In den folgenden Tagen geschah es mindestens ein dutzendmal, daß andere das gleiche taten, aber spontan und auf ihre Weise, nicht weil sie einem Vorschlag folgten.

Für mich ist alles echt, was spontan geschieht. Und daher kann man Rollenspiel, Körperkontakt, Psychodrama und Übungen, wie ich sie beschrieben habe, oder andere Verfahren durchaus anwenden, wenn sie wirklich das ausdrücken, was man im Augenblick tatsächlich empfindet.

Spontaneität ist das wertvollste und am schwersten zu definierende Element, das ich kenne. Ich tue etwas ganz spontan, und es ist höchst wirkungsvoll. In der nächsten Gruppe bin ich versucht, es wieder zu tun – »spontan« –, und ich begreife nicht, warum die Wirkung ausbleibt. Offenbar war die Spontaneität nicht echt.

Vermeidung interpretierender oder prozeßbezogener Bemerkungen

Ich mache nur sehr sparsame Bemerkungen zum Gruppenprozeß, da die Gefahr besteht, daß sie die Gruppe befangen machen und den Mitgliedern das Gefühl geben, sie würden kontrolliert. Bemerkungen dieser Art implizieren auch, daß ich die Gruppenteilnehmer nicht als Personen, sondern als eine Art von Haufen oder Konglomerat betrachte, und das möchte ich vermeiden. Wenn überhaupt, dann ist es das beste, wenn Bemerkungen über den Gruppenprozeß von den Gruppenmitgliedern selbst kommen.

Ganz ähnlich denke ich von prozeßbezogenen Kommentaren über das Individuum. Für mich ist es beispielsweise wichtiger, das Gefühl der Eifersucht zu *erfahren* und es offen zu erleben, als vom Gruppenleiter zu hören, wie er das Verhalten bezeichnet. Ich habe jedoch nichts dagegen, wenn ein Gruppenmitglied dergleichen tut. So beklagte sich zum Beispiel ein Fakultätsmitglied über Studenten, die *immer* Fragen stellen und *ständig* Antworten auf ihre Fragen erwarten. Er dachte, sie wären nicht selbstsicher genug. Wieder und wieder wollte er von mir wissen, wie er sich demgegenüber verhalten sollte, bis schließlich ein anderes Gruppenmitglied sagte: »Sie führen uns gerade sehr deutlich vor Augen, worüber Sie sich beklagen.« Diese Bemerkung schien sehr viel zu helfen.

Ich neige nicht dazu, in das einzudringen, was hinter dem Verhalten einer Person stehen könnte. Mir scheint, eine Interpretation der *Ursache* individuellen Verhaltens kann nie mehr als eine hochgespannte Vermutung sein. Sie kann nur dann von Bedeutung sein, wenn eine Autorität mit ihrer ganzen Erfahrung hinter ihr steht. Aber mit dieser autoritären Einflußnahme möchte ich nichts zu tun haben. »Ich glaube, Ihr Verhalten ist nur deshalb so prahlerisch, weil Sie sich als Mann unzulänglich fühlen« – dies ist eine Bemerkung, wie ich sie nie machen würde.

Das therapeutische Potential der Gruppe

Wenn in einer Gruppe eine sehr ernste Situation entsteht und ein Individuum psychotisches Verhalten zeigt oder seltsam und bizarr reagiert, dann verlasse ich mich auf die Gruppenmitglieder, weil ich aus Erfahrung weiß, daß die Gruppe therapeutisch wirksam werden kann und manchmal therapeutischer wirkt als ich selbst. Bisweilen greift man als Therapeut zu Fachbezeichnungen und sagt zum Beispiel: »Das ist absolut paranoides Verhalten!« Die Folge ist, daß man sich etwas zurückzieht und die betreffende Person eher wie ein Objekt behandelt. Das naive Gruppenmitglied behandelt die Person jedoch weiterhin als *Person*, und das ist meiner Erfahrung nach weitaus therapeutischer. Deshalb verlasse ich mich in Situationen, in denen ein Gruppenmitglied eindeutig pathologisches Verhalten zeigt, viel eher auf die Weisheit der Gruppe als auf meine eigenen Kenntnisse, und häufig bin ich zutiefst erstaunt über die therapeutischen Fähigkeiten der Mitglieder. Das ist ebenso demütigend wie begeisternd. Ich erkenne in solchen Fällen immer wieder, über welch unglaubliches Hilfspotential der durchschnittliche unausgebildete Mensch verfügt, wenn er sich nur frei genug fühlt, dieses Potential zu nutzen.

Physische Bewegung und physischer Kontakt

Ich drücke mich in physischer Bewegung so spontan wie möglich aus, obwohl ich in dieser Hinsicht nicht besonders frei bin. Aber wenn ich mich unruhig fühle, stehe ich auf, strecke mich und gehe herum; wenn ich mit einer anderen Person den Platz tauschen möchte, dann frage ich, ob sie dazu bereit ist. Man kann auf dem Boden sitzen oder liegen, sofern es den persönlichen Bedürfnissen entspricht. Ich bemühe mich jedoch nicht sonderlich darum, bei anderen physische Bewegung zu fördern, aber es gibt Gruppenleiter, die das sehr gut und sehr wirkungsvoll können.

Mit der Zeit habe ich gelernt, mit physischem Kontakt zu reagieren, wenn es wirklich, spontan und angemessen scheint. Als einmal eine junge Frau zu weinen begann, weil sie geträumt hatte, daß niemand in der Gruppe sie liebt, umarmte und küßte ich sie und streichelte ihr Haar. Wenn eine Person leidet, und ich spüre in mir den Wunsch, zu ihr zu gehen und meinen Arm um sie zu legen, dann tue ich das. Aber ich versuche nicht, diese Art des Verhaltens bewußt zu fördern. Ich bewundere die jüngeren Leute, die in dieser Hinsicht lockerer und freier sind.

Die Ansicht dreier verschiedener Generationen

Als ich das obere Kapitel geschrieben hatte, bot sich mir die Gelegenheit zur Diskussion über nichtverbale Kommunikation und physischen Kontakt mit meiner Tochter, Mrs. Natalie R. Fuchs, und mit einer meiner Enkelinnen, Anne B. Rogers. Natalie hat häufig selbst Gruppen geleitet, und Anne, die das College besucht, hatte kurz zuvor an einer Encounter-Gruppe teilgenommen. Beide waren enttäuscht, daß ich diese Themen nicht ausführlicher behandelt hatte, und mir kam die Idee, durch Wiedergabe *ihrer* Beobachtungen zu zeigen, wie sich die Fragen des physischen Kontakts und anderer nichtverbaler Kommunikationswege den drei Generationen einer Familie darstellen. Das Folgende ist kein wortwörtlicher Bericht, sondern eine sinngemäße Darstellung des jeweiligen Gesprächs, wobei die erste Person Singular deutlich machen soll, daß jede der Damen für sich spricht. Hier zunächst Natalie Fuchs.

»Ich habe als Gruppenmitglied aus verschiedenen physischen und nichtverbalen Erfahrungen sehr viel für mich gewonnen. Deshalb habe ich sie auch in Gruppen eingeführt, deren Leiterin ich war, und ich finde, daß die Gruppenmitglieder diese neuen Formen der Kommunikation sehr zu schätzen wissen.

Ich nehme immer auch selbst an diesen Erfahrungen teil, die ich in eine Gruppe einführe. Mir persönlich fällt es schwer, den Leuten zu sagen, was sie tun sollen. Es fällt mir auch schwer, ihnen vorzuschlagen, was sie tun könnten, aber ich mache es mir dadurch leichter, daß ich jedem Mitglied jederzeit die Möglichkeit biete, aus solchen Übungen auszusteigen. Wenn ich Teilnehmer einer Gruppe bin, dann möchte ich die Freiheit der Wahl haben – ich mag keine Befehle erhalten, deshalb gebe ich auch keine.

Ich glaube, daß unsere Gesellschaft hinsichtlich körperlicher Berührungen entsetzlich unfrei ist. Sie unterstellt ihnen immer nur eine Bedeutung: die sexuelle – ob nun die hetero- oder die homosexuelle. Auf diese Weise bringen wir uns um sehr viel Wärme und Unterstützung. Im Schutz der Gruppe kann ein Individuum jedoch das Risiko eingehen, diese neuen Wege zu erproben und seine Gefühle in bezug auf Berührungen kennenzulernen. Eine Frau stellt vielleicht fest, daß sie von einem viel jüngeren Mann väterlich umarmt werden möchte, homosexuelle Gefühle für eine andere Frau empfindet und sich von einem bestimmten Mann sexuell angezogen fühlt. All diese Gefühle können akzeptiert werden. Statt sich vor ihren Emotionen zu fürchten, kann sie aufgrund ihrer neu entdeckten Gefühle rationale Entscheidungen treffen.

Für mich ist es wichtig, daß nichtverbale Übungen dem momentanen Bedürfnis oder der jeweiligen Stimmung der Gruppe oder bestimmter Individuen in der Gruppe entsprechen. Wenn die Gruppenmitglieder gerade erst begonnen haben, sich kennenzulernen und einander zu vertrauen, dann schlage ich etwas vor, das ihnen hilft, sich auf einer ziemlich tiefen Ebene zu offenbaren.

Zum Beispiel neigen die Leute in vielen Gruppen dazu, sich einander wie auf einer Cocktail-Party vorzustellen: ›Ich bin Mutter, Hausfrau oder Sozialhelferin.‹ In solchen Fällen mache ich vielleicht den Vorschlag, daß jeder ein abstraktes Selbstporträt von sich oder seinem Inneren zeichnet. Die Zeichnungen werden an die Wand geheftet und erläutert. ›Das ist der zornige Teil in mir – dieser rote Klecks hier. Die meiste Zeit bleibt er eingemauert, aber manchmal bricht er hier und da durch.‹

Es kann sein, daß Gruppenmitglieder zu der Zeichnung Fragen stellen, aber Interpretationen unterbinde ich, da sich das Objekt *selbst* enthüllen soll.

Gelegentlich benutze ich folgende Instruktionen, um einer Gruppe zu helfen, sich möglichst schnell kennenzulernen. ›Es fällt uns offenbar schwer, über die gesellschaftlich akzeptierte Art des gegenseitigen Kennenlernens hinauszukommen. Für diejenigen, die etwas Neues ausprobieren möchten, schlage ich vor, daß wir herumgehen, uns die Hand geben, einander mit Vornamen anreden und in die Augen blicken.‹ Und einige Minuten später: ›Jetzt geben wir uns nur noch die Hand und sehen uns in die Augen.‹ Und dann: ›So, jetzt lassen wir das Händeschütteln und suchen uns eine andere Möglichkeit, um Hallo zu sagen.‹

Die Leute erfahren auf diese Weise sehr viel über sich selbst und andere. Darüber wird dann entweder anschließend oder in einer späteren Sitzung gesprochen.

Ich habe festgestellt, daß das Spiel ›Blinde Kuh‹, bei dem eine Person mit verbundenen Augen von einer anderen Person geführt wird, sehr geeignet ist, das Verhalten in bezug auf Abhängigkeit deutlich zu machen. Es gibt sehr viele sogenannte ›Vertrauens-Übungen‹, die ich auch angewandt habe. Für mich ist es wichtig, daß sie nicht einfach als Party-Spiele betrachtet, sondern im rechten Augenblick eingesetzt werden.

Ich habe zusammen mit einem anderen Gruppenleiter eine Gruppe zur Förderung der Sinneswahrnehmungen (›sensory awareness group‹) für entfremdete Jugendliche geleitet und dabei viele in Esalen entwickelte Verfahrensweisen angewandt. Außerdem nehme ich an den wöchentlichen therapeutischen Sitzungen dieser Gruppe teil. In diesen therapeutischen Sitzungen befaßt man sich hauptsächlich mit früheren Erfahrungen – mit Beziehungen in der Familie, mit schlechten Trips und Einstellungen gegenüber der Schule und der Gesellschaft. Die Erfahrungen in der Sinnesbewußtheits-Gruppe scheinen die Therapie zu ergänzen. Sie betonen die positiven Dinge im Leben – die Freuden des Berührens, des Riechens, des Sich-hier-und-jetzt-Bewußtseins.

Eines Tages machte einer der Jungen einen sehr erschöpften und einsamen Eindruck auf mich. Ich fragte, ob wir irgend etwas für ihn tun könnten, und er sagte: ›Es war eine ungeheuer anstrengende Woche für mich – zu Hause und überhaupt. Was ich jetzt wirklich gerne hätte, das wäre eine Körpermassage.‹ Er legte sich auf den Bauch, und die übrigen Mitglieder der Gruppe versammelten sich um ihn und massierten ihn kräftig und liebevoll. Er schien zu spüren, daß sie sich um ihn sorgten.

Häufig geschieht in einer Gruppe spontan etwas Nichtverbales, wenn der Gruppenleiter zuvor klargestellt hat, daß Handlungen dieser Art erlaubt sind.

In einer Erwachsenengruppe bat ein Mann die anderen Mitglieder um Feedback. Sie teilten ihm ihre Eindrücke ehrlich und offen mit. Auf mich wirkte er, so wie er in der Ecke saß und aufgrund dessen, was er uns in anderen Sitzungen erzählt hatte, einsam, ängstlich und passiv. Als ich an der Reihe war, bat ich ihn, aus seiner Ecke herauszukommen und sich vor mich zu setzen, da ich so direkter reagieren könnte. Als er Platz genommen hatte, konnte ich nicht anders, als ihm einen leichten Stoß zu versetzen. Er fiel zurück, und ich stieß ihn erneut an. Er fiel noch weiter zurück. Ich wurde ärgerlich und stieß ihn diesmal fest gegen die Schulter. Wir sprachen kein Wort, sahen uns aber die ganze Zeit über an. Schließlich setzte er sich zur Wehr, und wir begannen zu kämpfen, bis ich merkte, daß ich ihn nicht zu Boden bekam. Aus dieser Erfahrung gewannen wir beide sehr viel. Ich glaube, er fühlte sich zumindest vorübergehend wie ein Mann.

Wir reden fast immer über das, was unsere nichtverbalen oder physischen Kontakte für uns bedeuten. Einige Erfahrungen scheinen sich in vielen Gruppen zu wiederholen. Die unter Umständen wichtigste ist die Erkenntnis, daß Berührung ›desexualisiert‹ wird. Das heißt nicht, daß sie ihre sexuellen Nebenbedeutungen verliert, aber sie büßen viel von ihrem beängstigenden Charakter ein, und die Berührung als solche erhält eine ganze Reihe neuer Bedeutungen. Das kann auch dazu führen, daß ein Gruppenmitglied sich fragt: ›Möchte ich einer anderen Person wirklich *nahe* sein?‹ Und da es schließlich viel einfacher ist, anderen oder gar sich selbst mit Worten etwas vorzumachen, wirft diese Erfahrung auch die Frage auf: ›Bin ich aufrichtig? Meine ich auch, was ich sage, oder bin ich nur in meinen Handlungen wirklich?‹ Das sind einige der positiven Seiten, die ich bei dieser Art von Gruppenerfahrung festgestellt habe.«

Soweit Natalie, die als Gruppenleiterin berichtet hat.

Als nächstes der Bericht von Anne, meiner Enkelin, über die nichtverbalen Aspekte einer Encounter-Gruppe, in der sie einer Gruppe zum erstenmal so weit vertraut hatte, daß sie sich auf physische Weise ausdrücken konnte. Auch dieser Bericht ist eine Rekonstruktion unserer Unterhaltung.

»John, ein Gruppenmitglied, brachte aus früheren Gruppen Erfahrungen mit Psychodrama und Körperbewegung mit. Zuerst ging er uns allen auf die Nerven, weil er sich uns überlegen zu fühlen schien, aber gegen Ende der ersten abendlichen Sitzung begannen wir plötzlich alle, uns in die Mitte des Zimmers zu begeben. Ich weiß nicht, vielleicht hatte er damit angefangen; mit einem Mal waren wir jedenfalls eine dichte Masse von Körpern, hatten einander die Arme umgelegt und schwankten mit geschlossenen Augen vor und zurück. Es war ein ungewöhnliches Gefühl, und am nächsten Tag fiel es uns allen viel leichter, in physischen Kontakt zueinander zu treten, wenn wir den Wunsch danach hatten.

Es wäre schwer, alle Arten zu beschreiben, in denen wir unsere Gefühle physisch ausdrückten. Manchmal saßen wir dicht beieinander auf dem Boden, oder wir hielten uns an den Händen. Bei anderen Gelegenheiten versetzten sich Mitglieder, die wütend aufeinander waren, gegenseitig mehr oder weniger feste Stöße. Einmal kam es zu einem wütenden Ringkampf, bei dem wir anderen uns bereithielten, die beiden Männer und das Zimmer zu schützen, falls das nötig werden sollte. Aber es gab auch sehr zarte Augenblicke, in denen Leute einander umarmten und streichelten. Und eines Abends fühlten wir uns ausgelassen und albern und drückten auch das aus – indem wir wie die Affen herumsprangen und tanzten. Es machte Spaß, alles einfach so herauszulassen, wie es kam.

In unserer Gruppe waren zwei Männer, die ausgesprochen Angst vor Berührungen hatten. Der eine war verheiratet und hatte das Gefühl, seiner Frau gegenüber irgendwie unfair zu sein, wenn er andere Frauen in der Gruppe berührte oder ihnen zärtliche Gefühle zeigte. Seine Einstellung änderte sich nach und nach. Der andere war ein verkrampfter junger Bursche, der zu glauben schien, er würde völlig die Kontrolle über sich verlieren, wenn er seine Gefühle nicht außerordentlich streng kontrollierte – besonders seine zornigen und sexuellen Gefühle.

Als dieser junge Mann sehr emotional von einem Problem in seiner Familie sprach, das viel Ähnlichkeit mit einem Problem in meiner Familie hatte, begann ich zu weinen. Ich ging einfach zu ihm und weinte an seiner Schulter weiter. Hinterher schien es mir, als hätte ihm das geholfen, zu erkennen, daß physischer Kontakt mit einem

Mädchen nicht unbedingt Sex bedeutet. Später konnten wir darüber diskutieren, warum seine Intensität auf Mädchen beängstigend wirkt.

Ich glaube, etwas von dem, was all dies für mich bedeutet hat, steht in den Notizen, die ich mir im Anschluß an die Gruppe gemacht habe. Sie sind ziemlich flüchtig, aber wenn du willst, kannst du sie verwenden. (Ich habe aus diesen Notizen nur einiges ausgewählt, da es aus Platzgründen nicht möglich ist, sie vollständig zu zitieren:)

Verbale Kommunikation: sehr wichtig. Aber Worte sind auch eine Barriere; können benutzt werden, um Kontakt abzuwehren. Und was kann ich tun, wenn ich Dinge oder mich selbst auf andere Weise ausdrücken will? Kann ich den anderen mit Augen, Lächeln, mit einer Berührung erreichen?
Wir gehen alle herum und achten darauf, nicht mit anderen zusammenzustoßen. So viel Energievergeudung, nur um etwas zu vermeiden.
Aber nichts ist schöner und menschlicher, als festgehalten, umarmt, geliebt zu werden, die Wärme und Offenheit eines anderen zu spüren und dem anderen das gleiche zu geben. Worte können täuschen, eine Umarmung nicht.
Warum fürchten wir uns so, andere zu berühren? Weil Berührung Sex bedeutet.
Aber siehst du es nicht? Es gibt nicht nur Schwarz oder Weiß. Dazwischen liegt unendlich viel mehr. Sicher – berühren, umarmen, festhalten ist auch Sex. Der kühlste Händedruck, selbst wenn er jede Emotion leugnet, ist sexuell. Es geht nicht darum, Berührung zu desexualisieren, sondern darum, die Existenz von Sinnlichkeit anzuerkennen und sie zu akzeptieren. Wenn ich die Berührungserfahrung akzeptieren kann, wird sie mich nicht länger beunruhigen. Wenn ich meine Reaktionen akzeptiere, die sie in mir auslöst, werde ich wahrscheinlich nicht Angst und Abneigung erleben, sondern Liebe, Wärme und Freude – die wahren Inhalte einer Umarmung.
Wenn ich in einer Gruppe oder sogar bei einem Individuum Unsicherheit hinsichtlich meines Verhaltens zeige, wenn ich zu jemandem hingehen und seine Hand ergreifen möchte, um ihn wissen zu lassen, daß ich ihn verstehe, aber nicht weiß, ob meine Geste angenommen wird, dann fühle ich mich innerlich verkrampft und angespannt, als säße ich auf einem Vulkan und versuchte, eine Eruption zu verhindern. Ein scheußliches Gefühl. Mein Verstand

sagt mir: ›Sei kein Narr! Laß das sein, man wird dich zurückweisen. Der andere wird sich ungemütlich fühlen, und dir wird es peinlich sein; alle werden sich über dich wundern; mach dich nicht verdächtig.‹ Also bleibe ich verkrampft und ängstlich sitzen und wünsche mir, ich wäre frei.
Es ist etwas so Natürliches und Schönes, warm und wirklich zu sein, spontan das Leben zu spüren, anzuerkennen und es zu *teilen*.«

Dies war eine ziemlich lange Abschweifung, aber ich hoffe, sie hat dazu beigetragen, nicht nur eine Tendenz bei den Encounter-Gruppen, sondern auch eine Tendenz innerhalb unserer Gesellschaft deutlich zu machen. Meine Tochter Natalie kann in den von ihr geleiteten Gruppen Bewegung und Kontakt viel freier einsetzen als ich. Und für mich ist völlig klar, daß es mir als Student unmöglich gewesen wäre, genauso zu empfinden oder dieselben Aufzeichnungen zu machen wie meine Enkelin Anne. Es ändern sich eben die Encounter-Gruppen wie die Zeiten.

Mängel, die mir bewußt sind

Ich fühle mich in einer Gruppe, in der jedes Gefühl ausgedrückt wird, weitaus wohler als in einer apathischen Gruppe. Ich bin nicht besonders geschickt, wenn es darum geht, eine Beziehung herzustellen, und ich hege große Bewunderung für einige Gruppenleiter, von denen ich weiß, daß sie ohne weiteres imstande sind, echte und bedeutsame Beziehungen herzustellen, die sich auch weiterhin entwickeln. Ich wähle eine solche Person häufig als zweiten Gruppenleiter.
Wie ich bereits kurz erwähnte, dauert es bei mir ziemlich lange, bis ich meinen eigenen Ärger spüre und ausdrücke. Daher kann es vorkommen, daß ich mir meiner Verstimmung erst später bewußt werde und sie auch erst später ausdrücke. Kürzlich ärgerte ich mich in einer Gruppe verschiedentlich über zwei Teilnehmer. Mein Ärger über die erste Person wurde mir erst mitten in der Nacht klar, und ich mußte bis zum nächsten Morgen warten, um ihn auszudrücken. Im anderen Fall konnte ich den Ärger bereits während der Sitzung, in der er aufkam, realisieren und ausdrücken. Beide Male führte dies zu einer echten Kommunikation, zu einer Verstärkung der Beziehung und nach und nach zu echten gegenseitigen Sympathien. Aber leider lerne ich in diesem Bereich nur sehr langsam und weiß daher zu würdigen, was

andere durchmachen, wenn sie versuchen, ihre Abwehr so weit zu lockern, daß ihnen unmittelbare Gefühle auch bewußt werden können.

Ein besonderes Problem

In den letzten Jahren mußte ich mich mit einem Problem auseinandersetzen, das sich in der einen oder anderen Form jedem stellt, der durch seine Schriften und Theorien bekannt geworden ist. Die Leute kommen mit allen möglichen Erwartungen in meine Gruppen. Ich versuche mich von diesen Hoffnungen und Ängsten so schnell wie möglich abzusondern. Durch Kleidung, Benehmen und meinen ausdrücklichen Wunsch, man möge mich als Person sehen und nicht als einen Namen, ein Buch oder eine Theorie, versuche ich für die Gruppenmitglieder eine Person zu *werden*. Es ist immer wieder erfreulich für mich, eine Gruppe von beispielsweise jungen Schülerinnen oder Geschäftsleuten zu finden, für die ich nicht ein »Name« bin und in der ich meine Fähigkeiten als die Person, die ich bin, unter Beweis stellen muß. Ich hätte das junge Mädchen am liebsten geküßt, das zu Beginn einer Gruppe herausfordernd sagte: »Ich finde, das alles klingt ziemlich riskant. Wer sind Sie eigentlich, und wer sagt, daß Sie das können?« Ich erwiderte, daß ich einige Erfahrung in der Arbeit mit Gruppen hätte und hoffte, man würde feststellen, daß ich für diese Arbeit qualifiziert sei; ich könnte ihre Bedenken jedoch durchaus begreifen, und sie müßte sich ihr Urteil über mich selbst bilden.

Verhalten, das mir nicht förderlich scheint [12])

Zu Beginn dieses Kapitels betonte ich zwar, daß es viele wirksame Arten der Gruppenarbeit gibt, aber es gibt auch eine Anzahl von Leuten, die Gruppen führen und die ich nicht empfehle, weil mir ihr Ansatz für eine Gruppe und ihre Mitglieder nicht förderlich, sondern eher schädlich erscheint. Ich kann dieses Thema nicht abschließen, ohne einige dieser Verhaltensweisen zu erwähnen. Die Forschung auf diesem Gebiet ist noch so jung, daß man nicht vorgeben kann, Ansichten und Ansätze wie die folgenden basierten tatsächlich auf

---

[12]) Bei der Arbeit an diesem Kapitel waren mir die Gespräche mit vielen Leuten von Nutzen; besonders profitiert habe ich aber von der Diskussion mit Ann Dreyfuss und William R. Coulson.

eindeutigen Untersuchungsergebnissen. Diese Ansichten sind ganz einfach ein Resultat meiner Erfahrung, und ich werde sie auch nur als solches formulieren.

1. Ich bin entschieden mißtrauisch gegenüber Personen, die hier und dort auftreten, um das derzeitige Interesse an Gruppen für sich auszunützen. Das enorm wachsende Interesse innerhalb der Bevölkerung unseres Landes hat Leute hervorgebracht, deren Devise offenbar lautet: »Der Wagen rollt, spring auf. Sieh zu, daß du schnell berühmt wirst.« Wenn ich diese Auffassung bei Personen, die mit Gruppen arbeiten, vorfinde, dann bin ich tief gekränkt.

2. Die Arbeit eines Gruppenleiters bleibt wirkungslos, wenn er die Gruppe antreibt, manipuliert, ihr Vorschriften macht und versucht, sie zu seinen eigenen unausgesprochenen Zielen zu führen. Diese Einstellung kann, auch wenn sie nur andeutungsweise vorliegt, das Vertrauen der Gruppe in den Gruppenleiter verringern (oder gar zerstören) oder – was noch schlimmer ist – die Gruppenmitglieder zu seinen treuen Anhängern machen. Wenn ein Gruppenleiter bestimmte Ziele im Auge hat, dann teilt er sie der Gruppe am besten mit.

3. Daneben gibt es den Gruppenleiter, der den Erfolg oder Mißerfolg einer Gruppe nach der Zahl der Mitglieder beurteilt, die geweint haben oder »angeturnt« wurden. Diese Art der Beurteilung scheint mir reichlich fragwürdig.

4. Ich empfehle keinen Gruppenleiter, der nur *eine* Ansatzmöglichkeit als das einzig wichtige Element des Gruppenprozesses betrachtet. Für den einen ist der »Angriff auf die Abwehr« die Conditio sine qua non. Ein anderer schwört einzig und allein auf die Methode, »aus jeder Person den grundlegenden Zorn herauszuholen«. Ich habe großen Respekt vor Synanon und seiner wirkungsvollen Arbeit mit Rauschgiftsüchtigen, aber was mich empfindlich stört, ist das eilfertig formulierte Dogma, daß unnachgiebiges Attackieren, gleichgültig, ob es auf echten oder unechten Gefühlen beruht, das einzige Kriterium ist, nach dem der Erfolg oder Mißerfolg einer Gruppe beurteilt werden kann. Ich möchte, daß feindselige oder zornige Gefühle ausgedrückt werden, wenn sie vorhanden sind, und ich drücke sie gern selbst aus, wenn sie wirklich in mir auftauchen, aber es gibt noch eine ganze Menge anderer Gefühle, die im Leben und in der Gruppe genauso wichtig sind.

5. Ich kann keine Person als Gruppenleiter empfehlen, deren eigene Probleme so groß und so bedrückend sind, daß sie Gefahr läuft, das Gruppeninteresse auf sich selbst zu konzentrieren und dann nicht

mehr imstande ist, andere Personen und ihre Probleme wahrzunehmen. Eine solche Person wäre besser Mitglied einer Gruppe als Gruppenleiter.

6. Ich begrüße keinen als Gruppenleiter, der häufig die Motive oder die Ursachen des Verhaltens von Gruppenmitgliedern interpretiert. Wenn diese Interpretationen unzutreffend sind, nützen sie nichts. Wenn sie zutreffen, dann können sie heftige Abwehr hervorrufen oder, noch schlimmer, der Person allen Widerstand nehmen und sie verwundbar und möglicherweise verletzt zurücklassen. Feststellungen wie: »In Ihnen sitzt bestimmt eine Menge latenter Feindseligkeit«, oder: »Ich glaube, Sie kompensieren Ihre fehlende Männlichkeit«, können monatelang an einem Individuum nagen und sein Vertrauen in seine eigene Fähigkeit, sich selbst zu verstehen, untergraben.

7. Ich mag es nicht, wenn ein Gruppenleiter irgendwelche Übungen oder Aufgaben mit Worten beginnt wie: »Und nun wollen wir alle ...« Das ist einfach eine spezielle Form der Manipulation, der sich das Individuum nur sehr schwer widersetzen kann. Wenn Übungen angesetzt werden, dann sollte meiner Ansicht nach jedes Gruppenmitglied die vom Gruppenleiter eindeutig ausgesprochene Möglichkeit haben, an ihr teilzunehmen oder ihr fernzubleiben.

8. Ich mag keinen Gruppenleiter, der sich von jeder persönlichen emotionalen Beteiligung an der Gruppe distanziert – der den Fachmann hervorkehrt und sich aufgrund seines überlegenen Wissens imstande wähnt, den Gruppenprozeß und die Reaktionen der Gruppenmitglieder zu analysieren. Dies findet man häufig bei Leuten, die sich ihren Lebensunterhalt als Gruppenleiter verdienen. Ihr Verhalten läßt meist auf innere Abwehrhaltung und auf mangelnden Respekt vor den Gruppenmitgliedern schließen. Sie verleugnen ihre eigenen spontanen Gefühle und bieten der Gruppe das Modell der jederzeit kühlen, analytischen Person, die genau das Gegenteil von dem ist, an das ich glaube. Jedes Gruppenmitglied wird natürlich genau dieses Modell als Ziel anstreben – das Gegenteil dessen, worauf ich meine Hoffnung setze. Ich persönlich hoffe, daß Nichtabwehr und Spontaneität – nicht die Verteidigung der eigenen Abgeschlossenheit – in einer Gruppe entstehen werden.

Ich möchte klarstellen, daß ich nichts gegen all diese bereits erwähnten Eigenschaften bei jedem *Gruppenmitglied* einzuwenden habe. Mit einem manipulierenden, ständig interpretierenden, attackierenden oder emotional neutralen Individuum wird die Gruppe selbst umzugehen wissen. Sie wird dieses Verhalten auf die Dauer einfach nicht zulassen. Wenn aber ein Gruppenleiter dieses Verhalten zeigt, dann besteht die Gefahr, daß er der Gruppe eine Norm setzt, bevor die Gruppenmitglieder gelernt haben, daß sie ihn ebenso behandeln und konfrontieren können wie alle anderen.

Schluß

Ich habe versucht zu beschreiben, wie ich mich als Gruppenleiter verhalten möchte. Nicht immer gelingt es mir, meine eigenen persönlichen Absichten durchzuführen, was gelegentlich zur Folge hat, daß die Erfahrung für die Gruppe wie für mich selbst weniger befriedigend sein mag. Ich habe auch versucht, die Verhaltensweisen zu beschreiben, die ich nicht für förderlich halte. Ich hoffe, daß diese Darstellung andere ermutigt, über ihren persönlichen Stil der Gruppenleitung zu sprechen.

4.
Veränderungen durch Encounter-Gruppen: bei Personen, Beziehungen und Organisationen

Es wird viel darüber debattiert, ob die Gruppenerfahrung das Verhalten in irgendeiner Weise signifikant verändert und ob diese Veränderungen auch *von Dauer* sind. Ich möchte in diesem Kapitel ihren Einfluß auf das individuelle Verhalten, auf die Beziehungen der Individuen sowie auf die Politik und Struktur von Organisationen untersuchen, denen viele dieser Individuen angehören. Ich werde dabei in erster Linie von meinen eigenen Erfahrungen ausgehen und die bislang noch begrenzten Kenntnisse, die die Forschung uns vermittelte, zu einem späteren Zeitpunkt erläutern.

Aus irgendwelchen Gründen habe ich eigentlich den Wunsch, die Schlußfolgerungen als erstes niederzuschreiben – ich weiß, das ist eine sehr fragwürdige Art der Darstellung. Später hoffe ich, ein Gefühl für die persönlichen und phänomenologischen Grundlagen vermitteln zu können, auf denen diese vorläufigen Schlußfolgerungen basieren.

Vielleicht sollte ich noch betonen, daß meine Feststellungen weitgehend auf Erfahrungen mit Gruppen aufbauen, die von meinen Kollegen oder mir selbst geleitet wurden. Ich glaube, wir sehen den Schwerpunkt unserer Arbeit ein wenig anders als heutzutage üblich. Wie aus dem vorangegangenen Kapitel ersichtlich, versuchen wir in erster Linie rezeptiv zu sein und zu verstehen, statt zu manipulieren; wir vertrauen mehr auf die Gruppe und den Gruppenprozeß als auf die Kraft und Fähigkeit des Gruppenleiters; wir erwarten uns verbale wie nichtverbale Kommunikation, ergreifen aber weder für das eine noch das andere Partei; wir möchten, daß die Gruppenmitglieder ihre eigenen individuellen Zielvorstellungen entwickeln, statt irgendein vorgegebenes Ziel wie Glück, Freude oder Zufriedenheit anzustreben. Wir wissen, daß der Gruppenprozeß schmerzhaft ist, wenn er zum Wachsen führt, und wir glauben, daß Wachsen immer verwirrend und beunruhigend, aber auch gleichermaßen befriedigend ist. Wir glauben nicht, daß die Gruppenerfahrung, gleichgültig wie erhebend sie auch sein mag, in sich etwas Abgeschlossenes ist; wir sind vielmehr der Überzeugung, daß ihre Bedeutung in erster Linie in dem Einfluß liegt, den sie auf das spätere Verhalten außerhalb der Gruppe hat. Wir repräsentieren also nur einen Teil des breiten Spektrums spezieller Theorien, Praktiken und Akzentuierungen, die die Gruppenbewegung von heute charakterisieren. Deshalb lautet die Frage von meiner Perspektive aus, wie ich sie zu beschreiben versucht habe: Welche Veränderungen habe *ich* bei *Individuen* im Anschluß an die Erfahrung mit einer Encounter-Gruppe festgestellt?

Individuelle Veränderung

Zahlreiche Bilder und Erinnerungen tauchen in mir bei dem Versuch auf, diese Frage zu beantworten. Ich habe gesehen, wie Personen ihre Vorstellungen von sich selbst sehr deutlich ändern, wenn sie ihre Gefühle in einem akzeptierenden Klima erforschen und von Gruppenmitgliedern hartes oder gütiges Feedback erhalten. Ich habe gesehen, wie Personen beginnen, ihr eigenes Potential zu realisieren und es durch ihr Verhalten in der Gruppe wie auch außerhalb derselben einzusetzen. Immer wieder habe ich erlebt, das Personen aufgrund einer Erfahrung mit Encounter-Gruppen ihrem Leben eine ganz neue – philosophische, berufliche oder intellektuelle – Richtung geben. Einige Personen machen Encounter-Gruppen mit, ohne davon berührt zu werden und ohne signifikante Veränderungen zu zeigen. Manche bleiben von der Erfahrung nur *scheinbar* unberührt; sie zeigen aber später in ihrem Verhalten höchst interessante Veränderungen. Von den vielen hundert Personen, die ich bei meiner Arbeit mit Gruppen kennengelernt habe, zeigten zwei meines Dafürhaltens negative Veränderungen. Die eine geriet im Anschluß an die Gruppe in eine vorübergehende Psychose, und die andere (die, wie ich später erfuhr, bereits vor der Gruppe viele psychotische Symptome gezeigt hatte) verfiel nach der Gruppenerfahrung einer anhaltenden Psychose. Beide Fälle passierten vor mehr als zwanzig Jahren, und ich glaube, heute wäre die Wahrscheinlichkeit, daß sich derartiges in einer meiner Gruppen ereignet, weitaus geringer. Eine Anzahl von Personen hat nach einer Encounter-Gruppe mit einer Einzel- oder einer Gruppentherapie begonnen. In einigen Fällen schien dies ein höchst positiver Schritt, der zu weiterem Wachsen führte, während sich in anderen Fällen die Frage stellte, ob die Erfahrung vielleicht zu solch schnellen und schmerzlichen Veränderungen führte, daß das Individuum *gezwungen* war, weitere Hilfe zu suchen. Letzteres würde ich persönlich als verhängnisvoll betrachten.

Veränderte Beziehungen

Ich möchte mich meiner zweiten Frage zuwenden und auch sie ganz summarisch beantworten. Welche Veränderungen habe ich bei den Beziehungen von Personen während und/oder im Anschluß an Encounter-Gruppen festgestellt? Ich habe Personen gekannt, für die die Erfahrung in der Encounter-Gruppe eine fast ans Wunderbare grenzende Veränderung der Tiefe ihrer Kommunikation mit dem Ehegatten oder den Kindern bedeutete. Manchmal wurden zum erstenmal echte Gefühle geteilt. Das geschah bisweilen höchst dramatisch, wenn die Gruppenteilnehmer abends nach Hause zurückkehrten oder wenn es sich um Mitglieder von Ehepaar- oder Familiengruppen handelte. Diese Personen waren imstande, ihre wachsenden Einsichten zu teilen und das Risiko auf sich zu nehmen, ihre wahren positiven wie negativen Gefühle auszudrücken, sobald sie sich ihrer bewußt geworden waren. Dieser Prozeß kostet eine Menge Schlaf, aber das Wachsen der Beziehung ist nachgerade außergewöhnlich. Ich habe Väter gekannt, die nach Hause kamen und zum ersten Mal seit Jahren imstande waren, mit ihren Söhnen zu kommunizieren. Ich habe Lehrer gesehen, die aufgrund ihrer Erfahrungen in einer Encounter-Gruppe aus ihren Klassen persönliche, vertrauensvolle und interessierte Lerngruppen machten, in denen die Schüler offen und voll an der Aufstellung des Lernplans und an allen anderen Aspekten ihrer Erziehung beteiligt waren. Harte Geschäftsleute, die eine bestimmte berufliche Beziehung als hoffnungslos bezeichneten, machten sich auf, um diese Beziehung in eine konstruktive Beziehung zu verwandeln. Studenten aus Priesterseminaren mit den verbalen Idealen der Liebe und der Brüderlichkeit – in scharfem Kontrast zur Realität einer fast totalen Entfremdung und Einsamkeit – unternahmen gewaltige Anstrengungen, um zu einer echten Kommunikation und Nächstenliebe zu gelangen.

Es hat Fälle gegeben, in denen ein Ehegatte, der an Einsicht und Offenheit enorm gewonnen hatte, nach einer Encounter-Gruppe nach Hause kam und den anderen durch seine Spontaneität so erschreckte oder bedrohte, daß die Kommunikationskluft vorübergehend – oder auch für immer – noch größer wurde. Manchmal erkennen Ehepaare in einer Gruppe die verborgenen Differenzen zwischen sich und finden häufig zu einer echten Versöhnung; in anderen Fällen geben sie offen zu, daß sie die Kluft zwischen sich nicht überbrücken können. Ich habe viele erstaunliche Veränderungen der Beziehungen zwischen

Personen erlebt; die meisten dieser Veränderungen waren positiv, andere aber – vom gesellschaftlichen, nicht unbedingt von einem persönlichen Standpunkt aus – auch negativ.

Organisatorische Veränderungen

Und was hat sich im Anschluß an Encounter-Gruppen in den Methoden und Strukturen von Organisationen verändert? Zu dieser Frage kann ich aufgrund meiner Erfahrung nur in geringem Umfang und äußerst vorsichtig Stellung nehmen. Ich habe Situationen erlebt, in denen sich *Individuen* beträchtlich veränderten, während ihre *Institutionen* sich kaum veränderten. Lehrer können tiefe, ihr Wachsen ungemein fördernde Erfahrungen machen, aber bei der nächsten Fakultätssitzung fast oder genauso steril sein wie in der Vergangenheit. Auf der anderen Seite habe ich erlebt, daß Lehrer nach einer Encounter-Gruppe das Benotungssystem änderten, Schüler oder Studenten in alle einschlägigen Komitees beriefen und die Kommunikation zwischen Verwaltung, Lehrkörper und Schülerschaft förderten.
Leitende Angestellte und Geschäftsführer gaben anstrengende und Spannungen erzeugende Praktiken wie »periodisches Beurteilen Untergebener« zugunsten eines gegenseitigen und konstruktiven Feedbacks auf. Ich habe gesehen, wie interpersonale Kommunikation zur Grundlage eines Betriebes wurde, und ich habe inzwischen erkannt, daß Encounter-Gruppen, die individuelle Unabhängigkeit, Offenheit und Integrität fördern, nicht zu bedingungsloser Loyalität gegenüber der Institution beitragen. Leitende Angestellte haben ihre Stellung aufgegeben, Priester und Nonnen ihre Orden verlassen und Professoren die Universität gewechselt. So manche haben sich aufgrund des neuen Muts, den ihnen diese Gruppen gaben, entschlossen, lieber außerhalb als innerhalb ihrer jeweiligen Institution für Veränderungen einzutreten. Kurz gesagt, so wie Wachsen und Veränderungen Unruhe in das Leben des Individuums bringen, so bringen sie Unruhe und Aufruhr auch fast unausbleiblich in Institutionen und Organisationen, was für die traditionelle Verwaltung natürlich eine höchst bedrohliche Erfahrung darstellt.

Die Basis für diese vorläufigen Schlußfolgerungen

Es scheint, als hätte ich bei dieser Darstellung mit dem Ende begonnen, aber irgendwie ergibt sich diese Reihenfolge ganz natürlich. Es waren Lektionen, die ich gelernt, und vorläufige Ergebnisse, die ich aus meiner Erfahrung gezogen habe.

Wie sieht diese Erfahrung aus? Ich habe mich mit einem breiten Spektrum von Encounter-Gruppen befaßt, um mein eigenes Wissen zu vergrößern. Ich verfüge über eine dreijährige Erfahrung als Berater von Verwaltung, Fakultät und Studenten der University of California, bei der ich sehr viel gelernt habe. Eine andere wichtige Erfahrung waren die drei Jahre Zusammenarbeit mit den Schulen – Volksschulen, Highschools und Colleges –, die dem Orden vom Unbefleckten Herzen unterstehen. Ferner machte ich viel zu kurze – zwei- bis fünftägige – Erfahrungen mit den Verwaltern und einigen Fakultätsmitgliedern der sechs Claremont Colleges, mit Förderern, Verwaltern, Fakultätsmitgliedern und Studenten der Columbia University, mit Fakultät und Studenten von dreizehn Junior-Colleges, mit den Präsidenten großer Konzerne, mit leitenden Angestellten in unterschiedlichen Positionen, mit Krankenschwestern, mit schwarzen und braunen Ghettobewohnern, die die Wohlfahrt und die öffentlichen Gesundheitsdienste beanspruchen mußten, mit Sozialarbeitern und Fürsorgern aller Kategorien und schließlich mit ganzen Collegeklassen, die in Encounter-Gruppen unterrichtet wurden. Bei den betreffenden Gruppen handelte es sich um Encounter-Gruppen, Gruppen zur persönlichen Entwicklung, aufgabenorientierte Gruppen und beratende Gruppen. Ich habe Gruppen mit Fremden, mit Kollegen, mit Jugendlichen und mit Ehepaaren geleitet, nicht nur in Amerika, sondern auch in Australien, Japan und Frankreich. Keine Erfahrung habe ich mit Gruppen, die aus Familien, Kindern im Volksschulalter oder älteren Erwachsenen bestehen. Aber alles in allem bin ich mit einer großen und vielfältigen Anzahl von Personen in den unterschiedlichsten Situationen zusammengetroffen. Ich habe mich bemüht, so offen und aufmerksam zu sein wie möglich, und die zu Beginn dieses Kapitels getroffenen Feststellungen sind das beste, was ich aus dieser umfangreichen Erfahrung machen konnte.

Ein Fall von individueller Veränderung

Ich habe viele Fälle von tiefgreifender persönlicher Veränderung beobachtet, möchte aber hier nur einen Fall wiedergeben. Fünf Jahre nach einer Gruppenerfahrung beschreibt ein Mann die Einstellungen, mit denen er in die Encounter-Gruppe kam, was er dort erlebte und wie sich anschließend sein Verhalten, seine Persönlichkeit und seine Lebensziele veränderten. Hier der Brief des Mannes, den ich John nennen werde.

»Lieber Carl,
ich möchte versuchen, so klar und genau wie möglich die Veränderungen zu beschreiben, die sich als Resultat der Erfahrung in einer Encounter-Gruppe vor nunmehr fünf Jahren in meinem Leben ergeben haben. Es waren viele und unterschiedliche Veränderungen, die alle in eine Richtung liefen, und jede von ihnen bereitete mich gewissermaßen auf die nächste vor und führte mich zu ihr.
Wenn ich mich an jenes einwöchige Erlebnis im Workshop mit Ihnen zurückerinnere, fange ich sofort wieder an, ganz aufgeregt zu werden, und ich spüre ganz genau die Emotionen, die ich damals hatte. Ich freute mich damals auf den Workshop, ahnte aber nicht im geringsten, was mir bevorstand. Ich wußte nicht einmal, was eine Encounter-Gruppe ist. Ich hatte nie etwas davon gehört. Ich wußte nur, daß ich Ihre Psychologie und Ihre Philosophie schätzte, da sie meinen eigenen Ansichten in allem vollkommen entsprachen. Ich freute mich darauf, eine ganze Woche lang zu Füßen des ›Meisters‹ sitzen zu können.
Wir begannen an einem Montag. Am Mittwoch war ich ziemlich durcheinander. Ich konnte mir beim besten Willen einfach nicht erklären, was hier vorging. Und ich schwieg. Als ich den ersten Schock wegen der kritischen Bemerkung eines Teilnehmers zu dem Mann, der neben mir saß, überwunden hatte, begann ich verwundert und ängstlich und mit wachsender Erregung die Interaktion rings um mich zu beobachten. Es schien so, als würde etwas Neues, Fesselndes, Berauschendes, aber auch etwas Beängstigendes Wirklichkeit werden. Ich begann mich zu fragen, ob das alles real war oder ob wir bloß ein Spiel spielten. Ich glaube, meine ersten Worte an diesem Mittwoch waren: ›Meinen wir das alles eigentlich ernst, oder spielen wir bloß?‹ Ich erinnere mich, gesagt zu haben, daß ich nicht sicher wäre, ob ich die Gruppenmitglieder überhaupt kennen-

lernen wollte. Ich war absolut nicht sicher, ob ich überhaupt wollte, daß sie mich kennenlernten.

Sobald ich aber das Gefühl hatte, ›in‹ der Gruppe zu sein, und dieses Gefühl auch aussprach, begann etwas ganz Außerordentliches. Die beiden letzten Tage schienen mir wie die Geburt zu einer neuen Existenz. Es war, als würde eine ganze Reihe von Dingen, die verbal einen Wert für mich hatten, nun tatsächlich Wirklichkeit. Es ist unheimlich schwierig, diese Erfahrung zu beschreiben. Ich hatte keine Ahnung, wie wenig ich mir meiner tiefsten Gefühle bewußt war oder was sie für andere Leute bedeuten mochten. Erst als ich anfing auszudrücken, was von irgendwo tief in mir aufzusteigen begann, und die Tränen in den Augen der anderen Gruppenmitglieder sah, weil ich etwas gesagt hatte, was auch für sie zutraf – erst von diesem Augenblick an spürte ich, daß ich wirklich ein Teil der Menschheit war. Vor dieser Gruppenerfahrung hatte ich nie im Leben ›mich selbst‹ so intensiv erlebt. Und daß dieses ›Ich‹ von der Gruppe bestätigt und geliebt wurde, war wie ein Geschenk, das ich nie zu erhoffen wagte, weil ich bis dahin nicht einmal im Traum gedacht hätte, daß es das gibt.

Ich merkte, daß ich den anderen Gruppenmitgliedern etwas Einmaliges, Wunderschönes und Beglückendes gab, wenn ich meine innersten Gefühle, mein innerstes Ich ausdrückte, das ich bislang immer versteckt hatte. Ich konnte das kaum fassen. Aber es ließ sich auch nicht leugnen, dazu waren die Beweise zu stark und zu eindeutig. Ich erinnere mich an das ganz starke Gefühl, daß ich zum erstenmal die Welt der Menschen entdeckt hatte, daß ich – wenn ich wirklich ich sein und über die Dinge hinwegkommen konnte, die mir Angst vor anderen machten –, daß ich dann andere Menschen lieben und von ihnen geliebt werden konnte.

Obwohl ich in der Zwischenzeit einige sehr schmerzliche Perioden des Wachsens in meinem Leben durchgemacht habe, kann ich die Realität der positiven Hoffnung nicht leugnen, die ich in mir trage, seit ich in jener ersten Gruppe erfahren habe, was Menschlichkeit ist, Menschlichkeit, die mein ist und die ich mit anderen teilen kann.

Und wie hat sich nun mein Leben aufgrund jener Erfahrungen in der ersten Encounter-Gruppe geändert? Beruflich überhaupt nicht. Ich war damals Seminarist und bin mittlerweile Priester. Aber innerhalb meines Berufs als Priester haben sich sowohl in mir als auch außerhalb von mir tiefe Veränderungen vollzogen. Innerlich begann ich aus einem Jungen ein Mann zu werden. Äußerlich wurde ich in bezug auf Autorität und menschlichen Respekt wesentlich freier. Im Innern war ich mir selbst und damit auch anderen gegenüber viel gegenwärtiger. Meine Arbeit als Berater und Therapeut wurde um hundert Prozent wirkungsvoller. Ich hatte mir so viel Mühe gegeben, ein guter Berater zu sein, Einfühlungsvermögen zu zeigen und anderen Menschen wirklich zuzuhören. Ich war zwar kein schlechter Berater, aber irgendwie schien das, was ich erreichen konnte, ziemlich begrenzt.

Während des Workshops nahm ich an einem Beratungs-Praktikum teil, und der Unterschied zwischen dem, was sich früher in meinem Beratungszimmer abspielte, und dem, was nach meiner Erfahrung mit der Encounter-Gruppe passierte, war für mich nachgerade erstaunlich. Ganz plötzlich stellte sich alles, was ich theoretisch gelernt hatte, tatsächlich ein, ohne daß ich große Energien darauf verwandt hätte. Ich war da. Ich hörte. Ich war imstande, mich selbst und meine eigenen Gefühle zu riskieren, und der Klient öffnete sich plötzlich und nahm auf völlig neue Weise Fühlung mit sich auf. Mit einem Mal lief der Beratungsprozeß wie nie zuvor. Wahrscheinlich sollte ich sagen, daß *ich* in einer Weise wirksam wurde, wie ich es nie zuvor gewesen war. Und das alles wirkte vollkommen echt, natürlich und in keiner Weise künstlich.

Diesen hohen Grad an Wirksamkeit habe ich seither nicht immer beibehalten. Manchmal bin ich besser, manchmal schlechter, aber nach dem Workshop war ich nie wieder die gleiche Person, die ich gewesen war, als ich zum erstenmal in die Gruppe kam. Ich habe meine Ausbildung als Berater und Therapeut fortgesetzt und viele weitere Erfahrungen in Encounter-Gruppen gesammelt. Ich bin heute als Gruppenleiter tätig.

Statt wie geplant ein Schuldirektor zu werden, wechselte ich auf das Gebiet der Beratungs-Psychologie und promoviere in Kürze über menschliches Verhalten. Mir selbst und auch anderen wurde klar, daß ich für den menschlichen Bereich und für den Bereich der interpersonalen Beziehungen geeigneter bin als für einen Verwaltungsposten. Ich hätte einen sehr schlechten Verwaltungsbeamten abgegeben, aber ich besaß das Potential für einen guten Berater und Therapeuten. Im Verlauf des Prozesses, der mit jener ersten Gruppenerfahrung begann, habe ich einige der persönlichen Unzulänglichkeiten erkannt, die mich zu einem schlechten Verwaltungsbeamten gemacht hätten, und begonnen, an ihnen zu arbeiten.

Ich glaube, wenn ich nach der entscheidendsten Veränderung aufgrund der Gruppenerfahrung gefragt würde, müßte ich sagen, daß ich begann, als Person bestimmtere Formen anzunehmen. Ich bekam allmählich eine klarere Vorstellung von mir selbst. Manches von dem, was auftauchte, war gar nicht angenehm, aber es war Teil eines Ganzen, das für andere akzeptabel war und dadurch auch für mich immer akzeptabler wurde. Ich begann meine eigene Person zu besitzen; ich gehörte mir. Jene Person, die sich so häufig wie ein kleiner Junge inmitten einer Welt erwachsener Menschen vorkam, die Angst hatte und von dieser Angst daran gehindert wurde, in Beziehungen zu anderen Personen ganz lebendig und voll funktionierend zu sein, gehörte mir. Und als ich anfing, mich für diesen kleinen Jungen in mir verantwortlich zu fühlen, da begann er zu wachsen und stark zu werden; vielleicht hörte er auch nur auf, sich ständig an mir festzuhalten. Jedenfalls, ich wurde ich. Anders kann ich es nicht ausdrücken. Ich mußte auf einige der Vorteile verzichten, die man als kleiner und hilfloser Junge genießt und mehr und mehr von den Verantwortlichkeiten eines erwachsenen Mannes übernehmen, aber was war das für ein Vergnügen!
Seit jener ersten Gruppenerfahrung habe ich einiges dazugelernt. Ich habe größeres Vertrauen zu Menschen. Ich weiß, daß andere Leute im Innern genauso sind wie ich selbst. Ich weiß, daß ich mit ihnen eine sehr reale, schöne und manchmal schmerzliche Existenz teile. Ich habe viel mehr Hoffnung in die Zukunft des Menschen. Denn wenn wir einander als Personen rühren und berühren können, so wie es in einer Encounter-Gruppe möglich ist, dann beginnt die ›Erlösung‹ für uns alle wahr zu werden, und wir können die totenähnliche Existenz der Einsamkeit und der Kälte hinter uns lassen und die Möglichkeit eines vollen Lebendig-Seins erkennen. Ich kann aus vollem Herzen ›ja‹ sagen zur Menschheit, weil ich auf sehr tiefe und persönliche Weise, die ich ebenso tief denken wie fühlen kann, entdeckt habe, daß jeder Mensch auf der Welt ein überquellendes Reservoir an Leben und Liebe für sich selbst und andere zu sein vermag. Ich weiß, daß dieses Reservoir nur allzuoft nicht genutzt wird, weil wir Angst haben und uns abschirmen, aber ich weiß auch, daß es genutzt werden *kann*, genutzt worden *ist* und genutzt werden *wird*. Und allein darauf kommt es an.

Ihr JOE«

Die Erfahrungen dieses Mannes waren fast ausschließlich positiv, obwohl er einige sehr schmerzliche Perioden des Wachsens innerhalb dieser fünf Jahre erwähnt. Für andere waren die Veränderungen noch schmerzlicher, wie wir im nächsten Kapitel sehen werden.

Aussagen von solchen Personen bestärken mich in der Überzeugung, daß während und im Anschluß an Erfahrungen mit Encounter-Gruppen tiefe persönliche und verhaltensbedingte Veränderungen auftreten können und tatsächlich auftreten. Natürlich kommt es nicht bei jeder Person zu Veränderungen von dieser Tiefe. Die bislang nur minimalen Untersuchungen sind in diesem Punkt sogar ziemlich widersprüchlich, obwohl signifikante Veränderungen des Selbst-Konzepts ziemlich sicher zu sein scheinen. Aber wenn zwei, drei oder fünf Leute nach einer Encounter-Gruppe auffallende und dauerhafte Veränderungen zeigen, Veränderungen in Richtung auf wachsendes Bewußtsein als Mensch und Person, dann werde ich von dieser Tatsache auch weiterhin beeindruckt sein, selbst wenn die Veränderungen bei anderen Gruppenmitgliedern vielleicht nicht so tiefgreifend und auffällig sind.

Beispiele für veränderte Beziehungen

Anhand von drei Beispielen soll gezeigt werden, wie sich die Beziehungen von Personen im Anschluß an eine Encounter-Gruppe verändern können. Das erste Beispiel zeigt sehr deutlich, wie Kinder Veränderungen von Gefühl und Einstellung spüren, auch wenn sich das äußere Verhalten kaum verändert zu haben scheint. Eine Mutter, die in der Gruppe eines meiner Kollegen gewesen war, schrieb kurz nach Beendigung der Erfahrung: »Wie Sie wissen, stehen die Dinge zwischen Pete, meinem Mann, und mir ziemlich gut. Aber Sie haben wahrscheinlich bemerkt, daß ich dasselbe in bezug auf die Kinder nie behauptete. Mich störten die Streitigkeiten zwischen Marie und Alice. Mich störte, daß Marie Bettnässerin war. Mich störte auch, daß ich ihnen nicht sehr viel Zuneigung entgegenbringen konnte. Und es störte mich, daß sie nie richtig mit mir sprachen. Als ich Sonntag mit meinem neuen wahren Selbst nach Hause kam, war ich auf alle möglichen Reaktionen gefaßt. Womit ich nicht gerechnet hatte, war die Schnelligkeit und Intensität der Reaktion.« Kurz nachdem sie zu Hause angekommen war, mußte Marie ins Bett. Die Mutter fragte die Zehnjährige, ob sie sie einseifen solle. »Binnen einer Stunde hatten wir über Menstruation, Gott, Teufel, Himmel, Hölle, Haß auf andere, Alpträume und Ungeheuer vor dem Fenster gesprochen. Natürlich waren diese Dinge schon früher besprochen worden, aber nie mit dieser Intensität und Vollständigkeit. Alice, die fünfzehn Monate älter ist als Marie, kam irgendwann zu uns ins Badezimmer, und es endete damit, daß ich sie auch einseifen mußte. Das war eine Überraschung, denn sie steht bereits mitten in der Entwicklung und ist, was ihren Körper betrifft, sehr eigen. Marie sagte: ›Was hast du in dieser Gruppe gemacht? Hast du gelernt, wie man nett zu Kindern ist?‹ Ich sagte: ›Nein, ich habe gelernt, ich selbst zu sein, und das ist sehr schön.‹«

Das zweite Beispiel ist ein Brief, den Bill und Audrey McGaw ein Jahr, nachdem sie eine Gruppe für verlobte und verheiratete Paare geleitet hatten, von einem Ehepaar bekamen. Dieser Brief spricht für sich selbst. Der Mann schreibt:

»Diesen Brief habe ich schon hundertmal angefangen. Er geht um das, was geschehen ist und weiter geschieht. Er ist voller Liebe. Voller Tränen, Freude und Liebe.
Während ich hier sitze und schreibe, treten mir die Tränen in die Augen, und Emotionen überkommen mich. Ich war noch nie zuvor imstande, einen solchen Brief zu schreiben. Ich möchte Ihnen danken und Ihnen sagen, daß Sie es geschafft haben. Sie haben gute Arbeit geleistet. Die Zeit war richtig gewählt, und ich griff zu. Jetzt habe ich es und werde es nie wieder verlieren. Ich werde es weitergeben.
Eileen und ich sind verheiratet, Eileen und ich leben zusammen. Wir haben Probleme, wir streiten uns und wir lieben uns. All das gäbe es nicht, wenn wir Sie beide nicht getroffen hätten. Aber wir haben Sie getroffen, wir haben einige Tage mit Ihnen verbracht und den Durchbruch geschafft. Es geschah zur rechten Zeit, und wir hatten das Glück, die richtigen Leute zu treffen; wir waren bereit, und Sie änderten unser Leben. Wir wissen jetzt, was möglich und erreichbar ist. Diese Basis, diese emotionale Sicherheit in unserer Ehe stellt für mich ein Sprungbrett dar, eine Öffnung, einen neuen Ausgangspunkt. Ich kann mit Worten einfach nicht beschreiben, was wirklich mit mir geschehen ist. Sie wissen jedoch, was es ist. Ich hab's. Es ist phantastisch.
Ich weiß jetzt, weshalb ich so lange gewartet habe, ehe ich Ihnen schrieb. Jetzt bin ich sicher. Mehr als ein Jahr ist vergangen, und

jetzt ist die Angst vorüber. Ich werde nie mehr verlieren, was ich habe. Und was ich habe – das weiß ich jetzt – macht es mir möglich, größere Verantwortung zu übernehmen. Und jetzt verstehe ich auch, warum Sie, Audrey, und Sie, Bill, mit jeder Gruppe das durchmachen müssen, was Sie durchmachen.«

Ich möchte noch ein drittes Beispiel von einer Lehrerin und ihren Schülern anfügen. Eine Volksschullehrerin, die einige Monate zuvor an einer Encounter-Gruppe teilgenommen hatte, wurde schriftlich gefragt, ob die Erfahrung für sie irgend etwas bedeutet habe. Sie antwortete mit einem Brief: »Sie wollen wissen, was mit mir geschehen ist ... ganz einfach: Jemand ist zu mir gelangt, zu meinem inneren Selbst. Ich hörte zu und ich hörte Dinge, die ich früher nie angehört und nie gehört hatte ... es war schön. Ergebnisse? Ich *höre* meinen Schülern *zu*. Ich habe sie gefragt, ob ich früher jemanden abgewiesen oder jemandem nicht zugehört habe, und die größten Strolche der Klasse hoben allesamt die Hand. Sie sind im Grunde die empfindlichsten. Die letzten Monate waren die aufregendsten, erfreulichsten und glücklichsten Monate meines Lebens als Lehrerin gewesen, und es sieht aus, als bliebe es so.«

Ihre Beobachtung in bezug auf den problematischen Schüler – den »Strolch«, wie sie ihn nennt – sind sehr interessant. Es trifft häufig zu, daß Schüler, die Probleme schaffen, auf interpersonale Beziehungen sensibler reagieren als andere. Waren diese Kinder »Strolche« und hatte sie demzufolge das Gefühl, es lohne sich nicht, ihnen zuzuhören, oder wurden »Strolche« aus ihnen, weil sie das Gefühl hatten, daß man sie nicht anhörte? Eine nicht uninteressante Frage, die den sogenannten problematischen Schüler in einem ganz anderen Licht erscheinen läßt.

Ich möchte mit diesen drei Beispielen nicht mißverstanden werden. Nicht jeder Mutter, nicht jedem Ehepaar und nicht jeder Lehrerin widerfahren Dinge wie diese. Aber daß sie häufig geschehen, macht die Encounter-Gruppe zu einer sehr aufregenden interpersonalen Erfahrung. Sie kann dazu beitragen, daß die Menschen frei werden, spontan reagieren und sich ihrer selbst und des Lebens bewußter werden. Kurz gesagt, sie kann dazu beitragen, daß die Menschen in ihren Beziehungen zu anderen wirklich und wahrhaftig menschlich werden.

Ein Beispiel für organisatorische Veränderung

Es gibt auch Dutzende von Fällen signifikanter Veränderung der Einstellungen, Methoden und Strukturen von Institutionen, aus denen ich einen Fall ausgewählt habe, der zu sehr gemischten Schlußfolgerungen führt. Ich wünschte, ich könnte ihn mit der gleichen Lebendigkeit erzählen, mit der mir der Fall von einem langjährigen Lehrer der Schule berichtet wurde.

Es war eine Highschool für Knaben der weißen Mittel- und Oberschicht, die von einem katholischen Orden geleitet wurde und durch ihre hohen wissenschaftlichen und moralischen Anforderungen den Ruf einer »Prestige-Schule« erlangt hatte. Im Verlauf eines Jahrzehnts veränderte sich die Gegend, in der diese Schule lag, höchst drastisch, und zuletzt bestand die Schülerschaft zu 75 % aus Mexikanern, zu 20 % aus Farbigen und zu 5 % aus Orientalen. Sie war eine Ghettoschule geworden. Die Anforderungen waren gesunken, die Moral nicht minder, und das ganze Bild wurde weitgehend von der Drogenszene beherrscht. Trotzdem gab es, soweit es den Lehrkörper betraf, keine ernsthaften Probleme mit der Schule, da die strenge Disziplin des Ordens nach außen hin die angenehme Fassade einer konventionellen Erziehung aufrechterhielt.

Diese Fassade zerbrach während und anschließend an ein Schülerfest, bei dem die Schüler – vor allem ihre Anführer – dreist Alkohol und Rauschgift mitbrachten und verteilten. Als wäre das noch nicht genug, versuchte die Schülerschaft geschlossen, diese Dinge vor den Lehrern geheimzuhalten. Die Kluft zwischen Lehrern und Schülern schien unüberbrückbar.

Die Veränderungen begannen, als der Leiter der Schule alle Klassen zu einer Versammlung berief und sinngemäß sagte: »Wir alle wissen, daß wir vor einem ernsthaften Problem stehen. Laßt uns darüber reden.« Seine eigene Offenheit und die anderer Lehrer ermunterten die Schüler zur Diskussion. Zuerst kritisierten die »guten« Schüler das Verhalten der »bösen« Schüler bei jenem Fest. Aber nach und nach tauchten tieferliegende Fragen und Probleme auf. Die Schüler fanden ihr Leben sinnlos und Rauschgift angenehm, der Unterricht langweilte sie, und der Lernstoff hatte mit ihrem Leben nichts zu tun, die Lehrer waren uninteressiert, und die Disziplin wurde als repressiv empfunden. Außerdem erschienen ihnen die Bekleidungsvorschriften sinnlos, und sie beklagten die fehlende Berücksichtigung der Geschichte und Identität von Minoritäten. All diese Themen wurden leidenschaftlich diskutiert und nicht unterdrückt. Die angegriffenen Lehrer blieben offen und reagierten nicht mit Abwehr, obwohl sie eindeutig überrascht und verletzt waren. Die Versammlung schloß mit einem Anflug von Hoffnung.

Das Resultat war, daß Schüler und Lehrer die restliche Zeit des Schuljahres und den Sommer über gemeinsam an den Problemen arbeiteten. Vier Mitglieder des Lehrkörpers, die ganz besonders »unter Beschuß« geraten waren, entschlossen sich zur Teilnahme an einem Ausbildungskurs für Gruppenleiter, den das *Center for Studies of the Person* in La Jolla angesetzt hatte. Ihre Erfahrungen in den Encounter-Gruppen waren so bereichernd, daß sie sich ungeheuer bestärkt fühlten in ihrem Wunsch, den Schülern zu vertrauen, sie zur Beteiligung an allen erzieherischen und verwaltungstechnischen Fragen der Schule zu ermuntern und in alle schulischen Bereiche die Atmosphäre einer Encounter-Gruppe zu tragen.

Die Ergebnisse dieser Bemühungen waren überraschend. Der Lehrkörper beschloß, den Schülern in bezug auf Pünktlichkeit, Benehmen, Drogen, Kleidung und Aussehen die Verantwortung selbst zu überlassen. Siebzig ausgewählte Schüler und der gesamte Lehrkörper trafen sich für drei Tage in einem Dorf außerhalb der Stadt, um Pläne für das kommende Schuljahr zu entwickeln. Damit bewies die Schule, daß es ihr ernst war mit dem, was sie sagte.

Als sie im Herbst das neue Schuljahr eröffnete, wurde der Kontrast zu anderen Ghettoschulen deutlich sichtbar. Während anderswo in den ersten Stunden die strengen Vorschriften und die für Überschreitungen ausgesetzten Strafen verkündet wurden, erfuhren die Schüler dieser Schule, daß man ihnen vertraute, daß sie sicherlich Fehler machen würden, daß es aber nur darauf ankäme, aus den Fehlern zu lernen.

Was ergab sich daraus?

Zunächst einmal weigerten sich andere Schulen, gegen die Mannschaften dieser Schule zu spielen, weil unter den Sportlern Jungen mit langen Haaren und Bärten waren. Dann bildeten sich ethnische Gruppen, die sich einheitlich kleideten und demonstrierten, was zu Protesten aus der Gemeinde führte. Aber als diese Gruppen merkten, daß ihr kreatives Denken, ihr Einfluß und ihre Stärke an der Schule willkommen waren, ließ ihr extremes Verhalten nach.

Viele Mitglieder des Lehrkörpers sahen sich im Laufe des Schuljahres außerstande, die neuen Richtlinien und Methoden zu akzeptieren; sie gaben am Ende des Jahres ihre Stellung auf, und mancher Befürworter des »neuen Kurses« war zutiefst entmutigt und glaubte, alles sei falsch gemacht worden.

Aber diese Zweifel hatten keine großen Auswirkungen auf die Schüler. Da Pünktlichkeit und Erscheinen zum Unterricht nicht mehr gefordert wurden, gab es so gut wie niemanden mehr, der nicht zum Unterricht erschien oder zu spät kam. Das Rauschgiftproblem war zumindest innerhalb der Schule weitaus geringer geworden. Aber am erstaunlichsten war, daß viele Schüler der Oberklasse den Wunsch äußerten, nach Abschluß der Highschool ein College zu besuchen – und das in einer Ghettoschule, aus der so gut wie niemand jemals auf ein College ging.

Ich möchte die Probleme nicht untertreiben. Einige Lehrer versuchten zu den autoritären Methoden der Vergangenheit zurückzukehren, aber es stellte sich heraus, daß man Freiheiten kaum rückgängig machen kann. Mancher Lehrer bekam Angst vor dem neuen und unbekannten Weg, den er eingeschlagen hatte. Die wenigen weißen Schüler reagierten in vielen Fällen auf die Vorgänge abweisend und feindlich. Die Eltern reagierten auf die neuen Entwicklungen verärgert und ungehalten, und es war nicht leicht, ihnen die neue Philosophie und ihre Zweckmäßigkeit klarzumachen. Es steht außer Zweifel, daß diese Schule in jenem ersten Jahr ein weitaus chaotischeres Bild bot als in den Jahren zuvor.

Dieses Beispiel illustriert viele Dinge, die ich über selbstgelenkte institutionale Veränderung erfahren und gelernt habe. Die Erfahrung in Encounter-Gruppen und eine Atmosphäre, wie sie in Encounter-Gruppen herrscht, können innerhalb einer Institution zu höchst konstruktiven Veränderungen führen, aber auch große Uneinigkeit unter den Mitgliedern oder Angehörigen der Institution hervorrufen, die Gemeinde beunruhigen, auf traditionsgebundene Personen zutiefst beunruhigend wirken und Anlaß zu der Frage geben, ob das Ergebnis eine konstruktive Veränderung oder einen chaotischen Fehlschlag darstellt. Die Gruppe jedoch, die uns am *meisten* beschäftigen sollte, die Personen, denen die Schule *dient*, empfanden die Erfahrung überwiegend als befreiend und erlösend, als ungemein belebend und lehrreich. Daher scheint das Ergebnis positiv zu sein, auch wenn vermeidbare Fehler gemacht wurden. Auch hätte die ganze Entwicklung langsamer und weniger schmerzlich verlaufen können. Offene und ehrliche Kommunikation von Gedanken und Gefühlen, Anerkennung von Schülern und Lehrern als gleichwertige Menschen und gemeinsames Bearbeiten aller auftauchenden Probleme führen zu echten und wahrscheinlich unwiderruflichen Veränderungen.

Ich habe hier ein drastisches und strittiges Beispiel für organisatorische Veränderungen angeführt, um zu zeigen, welch starke Auswirkungen der Geist des Vertrauens haben kann. Es ließen sich natürlich auch weitaus bescheidenere Beispiele anführen.

Ich hoffe, das dargelegte Material reicht aus, um zu zeigen, daß die eingangs aufgestellten Behauptungen nicht illusorisch sind. Erfahrungen in Encounter-Gruppen können bei der einzelnen Person und ihrem Verhalten, bei einer Vielzahl von menschlichen Beziehungen und bei den Methoden und Strukturen von Organisationen tiefgreifende Veränderungen in Gang setzen.

5.
Eine Person verändert sich:
Wie der Prozeß erfahren wird

Hier ein Beispiel für die Art von Bemerkungen, wie sie ein Gruppenleiter ein oder zwei Wochen nach einer Encounter-Gruppe zu hören bekommt. »Es kommen immer mehr Einsichten ... Ich habe keine enorme Veränderung bei mir festgestellt ... aber es scheint, als hätte ich eine Tür geöffnet, die bis dahin verschlossen war.« Eine derartige Feststellung scheint positiv zu sein, aber was bedeutet sie – jetzt oder später – im Leben der Person tatsächlich? Wir haben im letzten Kapitel gesehen, welche Veränderungen auftreten können. Aber dem *Prozeß*, durch den spätere Veränderungen zustande kommen, wurde nicht sonderlich viel Aufmerksamkeit gewidmet.

Ich möchte mir hier einen seltenen und zufälligen Umstand zunutze machen und anhand einer Reihe von Briefen aus mehr als sechs Jahren versuchen, die fluktuierenden Stadien einer individuellen Veränderung beinahe mikroskopisch aufzuzeigen.

Die Gruppe – und Ellen

Vor einigen Jahren leitete ich eine Gruppe für Geschäftsleute, die aus dreizehn Männern und zwei Frauen bestand. Wir trafen uns für fünfeinhalb Tage an einem ruhigen und sehr gemütlichen Ort. In diesen Tagen ereigneten sich für alle Beteiligten und auch für mich viele wichtige Dinge, aber ich kann unmöglich alle Ereignisse beschreiben. Statt dessen werde ich mich dem zuwenden, was später im Leben eines der Gruppenmitglieder, einer unverheirateten Geschäftsfrau, geschah.

Ellen (der Name ist – wie alle Namen in diesem Bericht – fiktiv) war Leiterin eines kleinen technischen Unternehmens. In der Gruppe war sie ziemlich ruhig, obwohl sie einige Male heftige Meinungsverschiedenheiten mit zwei der Männer hatte. Sie sprach ausführlich über ihre Probleme mit Liz, einer Angestellten ihrer Firma, zu der sie eine ziemlich komplexe Arbeitsbeziehung hatte. Sie war persönlich von dieser starken und dominierenden Frau abhängig, obwohl Liz die

Untergebene und Ellen ihre Vorgesetzte war. Gegen Ende der Woche erwähnte sie auch die Schwierigkeiten, die sich aus dem Zusammenleben mit ihrer Mutter ergaben. Aber wenn mich meine Erinnerung nicht täuscht, dann ging sie diesem Problem nicht auf den Grund, und ich war nicht sensitiv genug, um zu merken, daß hier eines der großen Probleme ihres Lebens lag. Ich glaube, die Gruppe hat ihr bezüglich des Verhältnisses zu Liz, ihrer Angestellten, ein wenig geholfen, aber ich nehme nicht an, daß sie im Hinblick auf die Beziehung zu ihrer Mutter Hilfe fand. Am vorletzten Tag der Gruppe bekam Ellen ziemlich heftiges Feedback, auf das sie sehr emotional und mit Tränen reagierte. Es war zugleich verwirrend und erhellend. Wie Gruppenmitglieder einander helfen können, geht aus dem Brief hervor, den ihr einer der Männer, der ihr eine Woche zuvor noch völlig fremd gewesen war, nach der Sitzung überreichte. Ich erfuhr davon erst viel später, als Ellen mir schrieb, sie habe ihn wie einen Schatz gehütet. Ich möchte diesen Brief hier anführen, da er ein Teil von Ellens Gruppenerfahrung ist.

»Als Dein Freund billige und bejahe ich alles, was Du bist, die Idee und den Kern Deiner Existenz, Dein Du-Sein und die Besonderheit Deiner einmaligen Individualität. Meine Aufgabe als Dein Freund ist es, Dir zu helfen, so sehr Du zu sein, wie nur möglich. Ich habe Dich gern, aber ich will Dich nie besitzen oder benutzen, denn Du gehörst Dir selbst und keinem anderen – obwohl Du vielleicht einmal *zu* einem anderen gehörst oder ein anderer *zu* Dir. Ich bin ganz für Dich da und immer bei Dir, auch wenn Kontinente uns trennen. Ich werde Dich nie verlassen, und nie wirst Du in irgendeiner Weise meine Liebe verdienen müssen. Die hast Du, weil Du Du bist – und weil ich das wunderbar finde.«

Es wird niemanden erstaunen, daß Ellen diesen Brief wie eine Kostbarkeit hütete.
Obwohl sie damals in bezug auf ihre Mutter nicht viel erzählte, muß ich wohl doch gespürt haben, daß hier ein schwieriges Problem vorlag, denn ich erinnere mich, ihr beim Abschied gesagt zu haben: »In einem Monat ist der 4. Juli; hoffentlich können Sie an diesem Tag *Ihre* Unabhängigkeitserklärung feiern.«

Die inneren Veränderungen

Da häufig gefragt wird, was mit den Leuten nach der Gruppenerfahrung geschieht, freut es mich, daß ich im Fall von Ellen anhand ihrer Briefe zeigen kann, was mit dieser einen Person geschah. Ihre Erfahrung ist keine gewöhnliche, aber meines Wissens auch nicht ausgesprochen ungewöhnlich.

Knapp zwei Wochen nach Beendigung der Gruppe schrieb Ellen mir, sie habe einen sehr herzlichen Brief ihrer Zimmergenossin aus der Gruppenzeit bekommen. Diese Frau war in einer anderen Gruppe gewesen, und Ellen hatte ihr in jener Woche über einige schwierige Perioden hinweggeholfen. Sie zitierte aus dem Brief dieser Frau: »... seit wir uns voneinander getrennt haben, waren die Tage voller Ideen und Gefühle, wie ich sie nie zuvor in meinem Leben gekannt habe, und ich glaube, viele der scheinbar zusammenhanglosen Entdeckungen in bezug auf mich selbst in den letzten Jahren beginnen jetzt endlich, sich richtig einzuordnen. Mein altes Selbst hat sich weitestgehend verändert, und das schreibe ich voll und ganz der Erfahrung mit der Gruppe zu.«

Ellen fährt fort: »Ich persönlich verstehe, was sie meint. Immer mehr Einsichten stellen sich ein. Ich habe keine enorme Veränderung bei mir festgestellt, und ich weiß, daß die Menschen in meiner Umgebung keine Veränderung bemerkt haben, aber es scheint, als hätte ich eine Tür geöffnet, die bis dahin verschlossen war. Noch bin ich keiner bedrohlichen Situation begegnet, deshalb weiß ich nicht, wie ich reagieren werde, aber ich habe eine vage Vorstellung davon, wie erleichtert ich bin, wenn ich keine Angst habe, und das ist herrlich.«

Wie bei vielen Teilnehmern an Encounter-Gruppen sind die Veränderungen sehr subtil, und ein Teil davon ist sicherlich eine verbesserte Kenntnis der eigenen Person und der eigenen Gefühle. Ob sich das Verhalten entsprechend diesen neuentdeckten Gefühlen verändert, ist für Ellen eine wichtige Frage. Aber als ein Mensch, der über die Persönlichkeitstheorie lange nachgedacht hat, bin ich überzeugt, daß sich jede derartige Veränderung der Selbsterkenntnis früher oder später auch im Verhalten zeigen wird. Ellen ist nicht so optimistisch, wie aus den folgenden Zeilen hervorgeht.

Sie berichtet im gleichen Brief über ein Essen mit W., einem anderen Teilnehmer der Gruppe, der sich an der Gruppenarbeit nicht sonderlich beteiligt hatte. »Außerhalb der Gruppe ist er nicht viel anders als innerhalb derselben. Es war im Grunde ein nutzloser Versuch, das Gruppengefühl neu aufleben zu lassen. Ich glaube, mit den anderen Leuten aus der Gruppe wäre es nicht so schwierig, aber wahrscheinlich hat sich jeder von uns nach Abschluß der Gruppe wieder mehr oder weniger hinter seine Fassade zurückgezogen.« Sie beschließt den Brief mit dem Satz: »... alles droht wieder so zu werden, wie es früher war, die alten Gewohnheiten stellen sich wieder ein und mit ihnen die Kopfschmerzen und der gesamte übrige psychosomatische Mischmasch. Ach, wie sehr wünsche ich mir doch, ich könnte mir den ›Gruppengeist‹ bewahren!«

Hier haben wir das bekannte Phänomen der Gruppenerfahrung, die nach Abschluß der Gruppe zu schwinden beginnt und wieder den alten Gewohnheiten Platz macht. Diese Erfahrung machen wahrscheinlich die meisten Gruppenmitglieder.

Ich beantwortete Ellens Brief wie alle Briefe, die ich von ihr erhielt, aber da wir mehr als zweitausend Kilometer voneinander getrennt waren, beließ ich es dabei, mich ihren Einstellungen, Gefühlen und ihrer Situation gegenüber verständnisvoll zu zeigen. Ich empfahl ihr einen Therapeuten in ihrer Stadt, den sie aufsuchen sollte, falls sie das Bedürfnis dazu verspürte.

Mutter, die Menschenfresserin

Ihr nächster Brief erreicht mich einen Monat später. Zum erstenmal erwähnt sie das Problem mit ihrer Mutter. Sie schreibt aus dem Büro: »... Mutter ist heute abend ausgegangen und kommt sicher nicht vor zehn Uhr zurück. Ich werde Freunde besuchen, die sie nicht ausstehen kann, und wenn ich nach Hause komme, *sollte* ich einfach sagen, daß ich bei George und Carol war. Aber ich zittere bereits vor Angst, daß ich *nach ihr* nach Hause komme und keine plausible Erklärung dafür habe, wie ich den Abend verbrachte. Das ist verrückt, ich weiß es. Aber irgendwie komme ich nicht dagegen an. Wo ist der nächste Therapeut?!« Aber noch suchte sie ihn nicht auf.

Ihre Feststellung über die Angst vor der Mutter ist aufschlußreicher als alles, was sie in der Gruppe gesagt hatte, und sie zeigt, wie sehr sie immer noch das kleine Mädchen ist, das von der Mutter absolut beherrscht wird.

An anderer Stelle spricht sie auch von der heilenden Wirkung der

Gruppe und sagt: »... die ›sichere‹ Gruppe, in der nichts das Gruppenmitglied bedroht, scheint mir das zu sein, was die Gesellschaft braucht und die Kirche bieten könnte, wenn sie nur den Mut dazu hätte, etwas, das wir in unserer Gruppe zeitweise erreichten ...« Sie schließt: »Ich erlebe Hochs und Tiefs, aber ich weiß, daß ich einiges gewonnen habe, auch wenn es noch so wenig ist.«

Ellen überlegt eine Trennung

Ich beantwortete ihren Brief und schrieb, ich hoffte, sie würde den Mut aufbringen, der Mutter zu sagen, wo sie gewesen war, als sie George und Carol besucht hatte. Sie schrieb daraufhin:

»Leider hatte ich nicht den Mut, ihr zu sagen, wo ich gewesen war, und wahrscheinlich werde ich ihn nie aufbringen. Wie bei den meisten menschlichen Beziehungen geht es auch hier um komplexere Dinge, als es vielleicht scheint, und außerdem sind auch noch andere Leute beteiligt. Ich wollte, ich könnte das alles ausführlich mit Ihnen besprechen. Vielleicht würde mir das helfen. Ich glaube, ich könnte mich mit der moralischen Unterstützung meiner Freunde aufraffen und mir eine eigene Wohnung nehmen, wenn ich mich nicht für Mutters Wohlergehen verantwortlich fühlen würde. Aber sie ist fünfundsiebzig Jahre alt und müßte ebenfalls in eine andere Wohnung ziehen. Gesundheitlich ist sie allerdings bestens in Form und auch durchaus imstande, für sich selbst zu sorgen. Die Frage ist, wie mache ich es? Selbst heiraten wäre schwierig, weil der einzige Mensch, der als mein Partner in Frage käme (George), gleichzeitig der Mensch ist, den sie am wenigsten ausstehen kann – und darüber hinaus gibt es so gut wie keine Möglichkeit, daß er frei wird, es sei denn, er wird Witwer ... Seine Frau ist physisch wie psychisch sehr, sehr krank, und ich kann nur dabeistehen und nach Möglichkeit helfen, weil ich sie beide gern habe und außerstande bin, das zu zerstören, was eine glückliche Ehe war oder sein könnte. Es wird immer komplizierter, nicht wahr? Aber wenn ich George nie kennengelernt hätte, besäße ich nicht ein Zehntel des Verständnisses, der Fähigkeit zu lieben und der Toleranz, die ich jetzt besitze. Er machte aus mir einen Menschen, und das gab mir die Fähigkeit zu fühlen – Freude wie Schmerz. Ich glaube, ich könnte beides noch besser ertragen, wenn ich nicht auch noch die drückenden Schuldgefühle spüren würde, die mir meine Mutter seit meiner Kindheit auferlegt hat und die derzeit in ihrer ablehnenden Haltung zu der oben erwähnten Beziehung kulminieren. Aber ich muß das tun, was mir richtig erscheint. Jeder sehnt sich nach dem Gefühl, gebraucht und geliebt zu werden. Und ich habe zufällig einen Weg eingeschlagen, der ihr fremd ist. Sie erkennen sicher die Ambivalenz. Calvinismus hier, grundlegend menschliche Bedürfnisse dort. Abhängigkeit auf der einen und der Wunsch, unabhängig zu sein, auf der anderen Seite.«

Hier sehen wir, wie Ellen – teilweise oder weitgehend als Resultat der Gruppenerfahrung – über ihre unreife und ängstliche Beziehung zu ihrer Mutter nachdenkt, an den Schuldgefühlen in bezug auf die für sie wichtige Beziehung zu George arbeitet und beginnt, ihre Gefühle für ihn zu akzeptieren.

Der Mut zu sprechen – und zu entscheiden

Der nächste Brief kam nur vier Tage später, aber die Situation hatte sich entscheidend verändert, und die Feigheit war neuem Mut gewichen. Ellen schreibt:

»Ich hatte nie die Absicht, Sie in diesem Umfang mit meinen Problemen zu beschäftigen, aber dennoch möchte ich Sie auf dem laufenden halten. Gestern abend begann meine Mutter von der seit längerem geplanten Renovierung unseres Hauses zu sprechen, und ich wagte es, den Vorschlag zu machen, zwei nebeneinanderliegende Appartements zu beziehen, damit ich abends weggehen konnte, ohne mich darum kümmern zu müssen, ob jemand bei ihr ist. Sie fürchtet sich nämlich, abends oder nachts allein im Hause zu sein. Natürlich führte eins zum anderen, und heute morgen war sie völlig hysterisch.
Ich habe mit dem Hausarzt gesprochen, und er gab mir den Rat, für uns beide getrennte und nicht einmal nebeneinanderliegende Appartements zu besorgen, was ich überhaupt nicht vorgehabt hatte. Er meinte, was alle meine Freunde mir schon immer gesagt hatten, daß sie sich einer neuen Situation sehr schnell anpassen würde, und daß es für mich das einzig Richtige sei. (Wie gut ich das weiß!) Jetzt gibt es kein Zurück mehr, dessen bin ich ganz sicher.

Heute morgen weinte sie und sagte, sie hätte dann niemanden mehr, mit dem sie reden könnte, und außerdem verfüge sie über keinerlei Einkommen. Das stimmt. Ich werde ganz einfach soviel wie möglich von unserem Besitz verkaufen und versuchen, ihr ein dauerndes und unabhängiges Einkommen zu beschaffen. Zum Teil werde ich es aus meinen eigenen Einkünften bestreiten müssen.
Vieles wurde gesagt, aber vieles blieb auch unausgesprochen, und ich merkte, daß sie mich weder verstand noch meinen Entschluß akzeptierte. Hoffentlich verläßt mich mein Mut nicht wieder.
Sicherlich können Sie sich vorstellen, wie anstrengend dieser Tag für mich ist. Auf der einen Seite bin ich erleichtert und froh, daß ich es tun konnte, aber auf der anderen Seite leide ich auch darunter, daß ich es getan habe. Danke, daß Sie mir zuhören.«

Vielleicht sollten wir einfach die Tatsachen betrachten, die aus diesen drei Briefen hervorgehen. Da ist eine vierundvierzigjährige Frau, die ihr Leben lang von ihrer Mutter beherrscht wurde, nie heiratete und immer noch Angst davor hat, der Mutter zu sagen, daß sie einen Abend mit ihrem Freund (George) verbracht hat, den sie liebt. Sie ist einfach nicht fähig, die Mißbilligung der Mutter zu ertragen. Aber fünfeinhalb Tage in einer Gruppe, in der das Problem nur oberflächlich erwähnt wurde, haben zu einer Reihe von unabhängigen Überlegungen und Handlungen geführt, die ihr Leben in eine völlig neue Richtung lenkten. Die Tatsache, daß diese neue Richtung mit Angst, Unsicherheit und Schuldgefühlen verbunden ist, ändert nichts daran, daß sie einen Schritt getan hat, den sie kaum rückgängig machen kann und der ihren gesamten Lebensstil und ihre Vorstellung von sich selbst verändern wird.

Aufruhr

Ihr nächster Brief eine Woche später schildert den Umbruch, den sie mit den guten wie den bösen Gefühlen erlebt.

»... Zunächst einmal fühle ich mich schuldig, und mich bedrückt, was ich meiner Mutter angetan habe. Daneben gibt es Momente, in denen gewissermaßen die Sonne durch die Wolken bricht und ich denke, wie lächerlich es ist, sich wegen einer derart natürlichen

und normalen Sache schuldig und ängstlich zu fühlen. Was tue ich meiner Mutter denn eigentlich an? Vielleicht gelingt es mir, die nächsten drei Wochen mit dieser Einstellung durchzustehen. Mutter wird in drei Wochen in ihr Appartement ziehen. Liz, meine Angestellte, versicherte mir, alles würde gut werden, wenn ich erst allein bin. Sie hat sicher recht. Wie meine anderen Freunde hat sie das Gefühl, daß Mutter sich beruhigen wird, sobald sie einmal umgezogen ist, daß aber das große Problem meine eigene Anpassung sein werde. Vor den nächsten drei Wochen habe ich Angst. An die Zeit danach denke ich gar nicht. Die Schuldgefühle kommen wie heiße Wellen über mich. Warum? Ich glaube, ich könnte es mir erklären. Ihr Buch hilft mir dabei. Ich muß mir immer nur vor Augen halten, daß Mutters ganze Sorge bislang nur ihr selbst gegolten hat. Kaum etwas spricht dafür, daß sie sich Gedanken über mich oder meinen Werdegang gemacht hat.
Meine Beziehung zu George läßt ihr immer noch keine Ruhe. Ich glaube, das beschäftigt sie am meisten. Und der Grund für meine Schuldgefühle? Ich möchte akzeptiert werden, aber ich habe das Gefühl, daß sie mich nicht akzeptieren kann, und deshalb kann ich es auch nicht. Stimmt das?«

Eine Woche später sind die Aussichten nicht mehr so trostlos. »Die nächsten zwei Wochen werden meines Erachtens die schlimmsten sein, denn Mutter wird ausziehen, und ich bleibe solange im Haus, bis es verkauft ist. Ich denke immer wieder daran, was Menschen doch für wunderbare Wesen sind. Sie sind viel stärker, als sie denken. Was die Rettung bringt, ist das Verständnis für das, was im Innern vorgeht. Sie sehen, ich bin eine Ihrer Schülerinnen geworden. Nochmals vielen Dank für Ihre Briefe. Vielleicht ahnen Sie, was sie mir in diesen anstrengenden Tagen bedeutet haben.«

Von einer Bekannten, die mich besuchen wollte, ließ sie mir ausrichten, sie feiere jetzt ihren 4. Juli. Diese Feier findet fast zwei Monate später statt, aber dennoch ist sie sehr bedeutsam. Sie schreibt: »Ich bin sicher, daß ich die Hilfe des Therapeuten jetzt nicht mehr benötige. Ich glaube, ich schaffe es allein und mit Hilfe Ihres Buches und dem Beistand meiner Freunde, die sich wunderbar um Mutter und mich kümmern.«

In dieser stürmischen Zeit erhielt sie eine Einladung zu einer anderen Encounter-Gruppe und machte Liz, ihrer Angestellten, den Vorschlag, an ihrer Stelle teilzunehmen. »Liz war sehr angetan, meinte aber, ich sollte gehen. Sie sagte, es sei so angenehm gewesen, mit mir zu arbeiten, als ich von unserer Gruppe zurückkam, aber das hätte sich doch sehr schnell wieder gelegt, und sie fände, daß ich wahrscheinlich auch von dieser Gruppe viel profitieren würde, und deshalb solle ich gehen.« (Was sie nicht tat.)

Die Tiefen

Drei Wochen später befindet sie sich in einem »regressiven Zustand«, wie sie es nennt, und schreibt einen weiteren Brief, weil sie

»es entweder niederschreiben oder alleine ausfechten muß. Meine Nerven machen sich wieder bemerkbar, und meine Arme schmerzen, so wie sie es jahrelang taten, bis mir der Arzt vor zweieinhalb Jahren Librium verschrieb. Ich glaube, das läßt gewisse Schlüsse zu.
Dieser regressive Zustand setzte vermutlich ein, als wir Samstag mit Mutters Umzug begannen. Wir brachten einige Kisten hinüber und werden die Kleinigkeiten nach und nach in ihr Appartement schaffen, bis die Möbel in zehn Tagen nachkommen. Ich reagiere auf ihre Mißbilligungen und ihre Anspielungen auf Dinge, die sie nicht mag, wieder genauso wie in alten Zeiten, und meine Schuldgefühle sind größer denn je: was tue ich dieser armen alten Frau an! Und dabei weiß ich ganz genau, daß es eigentlich gar nichts Schlimmes ist.
Ihre Wohnung ist nicht luxuriös, aber gemütlich und sehr gut gelegen. Ich tue alles, um sie schön zu machen. So lasse ich zum Beispiel überall Teppiche auslegen. Aber im Grunde versuche ich nur, mich selbst davon zu überzeugen, daß ich das Richtige tue, während ich eigentlich ein zitterndes Bündel Angst bin. Warum fürchte ich mich vor ihr? Letzte Woche bekam sie wieder einen ihrer hysterischen Anfälle und sagte, ich sei in allem entsetzlich kalt. Ich versuchte ihr zu erklären, daß ich im Innern ganz und gar nicht kalt bliebe, sondern sehr leide und nur versuche, meine Gefühle zu kontrollieren. Tatsache ist, daß ich entsetzliche Angst vor ihren Hysterien, ihrer schlechten Laune, ihren Tränen und Anschuldigungen habe. Aber warum? Wenn ich das nur wüßte!
Ich erinnere mich, daß mein Vater einmal zu ihr sagte: ›Du verstehst es wirklich, das Messer in der Wunde immer wieder umzu-

drehen.‹ Das sollte mir eigentlich genügen, um keine Schuldgefühle mehr zu haben, denn sie hat mir mein Leben lang Dinge angetan, die ich in ihrem vollen Umfang erst vor einigen Jahren erkannt habe. Letzte Woche geriet sie wieder einmal völlig außer sich, weil ich mir ein Appartement ohne ihre Zustimmung ausgesucht hatte, aber seltsamerweise verspürte ich ein gewisses Selbstvertrauen, weil ich die Situation so sehen konnte, wie sie war.
Ich kann über alle Gründe und Ursachen reden, aber die schreckliche Angst in der Magengrube scheine ich immer noch nicht loswerden zu können, genausowenig wie es mir gelingt, zu Hause etwas zu sagen, was keine Hysterien, kein Selbstmitleid, keine Märtyrerhaltung und keine Anschuldigungen hervorruft, die in mir wiederum größte Schuldgefühle wachrufen. Gestern schlief ich den ganzen Tag, um endlich meine Kopfschmerzen loszuwerden.
Machen eigentlich alle ›Klienten‹ diese ›regressiven Perioden‹ durch? Wahrscheinlich müssen sie das, wenn sie jahrelange Denk- und Fühlgewohnheiten verändern wollen. Aber ich glaube, ich habe das Schlimmste hinter mich gebracht. Der große Schritt war, daß ich vor sechs Wochen den Mut aufbrachte, von diesem Thema überhaupt zu reden. Wenn ich nur auch noch mit der Angst und den Schuldgefühlen fertig werden könnte!«

Manche Leute scheinen zu glauben, daß sich das Selbst-Konzept und das persönliche Verhalten einfach und mühelos verändern ließen. Das trifft aber weder bei Personen noch bei Organisationen zu. Jede Veränderung bringt Unruhe und unterschiedlich starke Schmerzen mit sich. In Ellens Fall sind die Schmerzen besonders groß. Wenn wir etwas Wichtiges über uns selbst lernen und diesem Lernen entsprechend handeln, dann hat das Konsequenzen zur Folge, die wir nie ganz vorhersehen können. Es ist ganz natürlich, daß jede derartige Veränderung eines in vierundvierzig Jahren gewachsenen Lebensstils zu heftigen Schwankungen zwischen Zuversicht und Depression, zwischen Schuldgefühlen und gelegentlicher tiefer Befriedigung führt. Aber die Tatsache, daß dies nur natürlich ist, macht es keineswegs einfacher, und der Kampf jedes Individuums ist ein persönlicher Kampf. Jede Person hat – besonders dann, wenn die Veränderung tiefgreifend ist – das Gefühl, wie ein Schiff im Sturm hin- und hergeschleudert zu werden.

Unabhängigkeitserklärung

Zur gleichen Zeit beantwortete Ellen eine Anfrage des Mannes, der für die Organisation des Workshops, dem unsere Gruppe angehörte, verantwortlich war. In diesem Brief, von dem ich eine Kopie erhielt, versuchte sie zusammenzufassen, was das alles für sie bedeutet hatte. Sie zog darin die Summe ihrer Erfahrung in und nach der Encounter-Gruppe.

»... Wie die meisten Teilnehmer kam ich mit einer völlig falschen Vorstellung von meinen ›Problemen‹ in die Gruppe. Wie Sie sicher wissen, war unsere Gruppe eine besonders ›heilende‹ Gruppe, und am letzten Tag zeigte es sich, daß ich begonnen hatte, eine Tür zu meinem wahren persönlichen Problem zu öffnen. Die ganze Gruppe hatte dazu sehr viel beigetragen. Eine Bemerkung von Carl Rogers und seine Hoffnung, ich würde in Verbindung mit ihm bleiben, führten schließlich im Laufe des Sommers zu der ziemlich dramatischen Veränderung in mir.

Irgend etwas an unserer Gruppe gab mir eine neue Vorstellung vom ›kostbaren‹ Wert des Individuums. Als ich in meine alte Umgebung zurückgekehrt war, schien mir selbst die Kirche nur noch in höchst unproduktiven Klischees zu reden ... Meine Erfahrung mit der Gruppe hat mir geholfen, alle Erfahrungen der letzten Zeit zu einer großen Einsicht zu verschmelzen, deren Ergebnis ein ziemlich einschneidender Schritt vor sechs Wochen war.

... Der einschneidende Schritt – das eigentliche Problem, das ich hinter meiner Fassade mit in die Gruppe gebracht hatte – war meine Trennung und Loslösung von einer dominierenden Mutter, ein Problem, das in jedem grundlegenden psychologischen Werk beschrieben wird. Aber ein Leben, das auf Angst und Unterwerfung errichtet war, ist nicht so einfach zu verändern. Ich bin noch immer nicht ganz fertig damit, aber es geht jetzt schon besser. Ich weiß, daß unsere Gruppe der große Schritt vorwärts war und daß ich immer noch nicht imstande wäre, mich von meiner Mutter zu trennen, wenn ich durch diese Gruppenerfahrung nicht zu einem besseren Verständnis meiner selbst und anderer gelangt wäre.

... Ich weiß nicht, wieweit Ihnen dieser Brief zu einer Bewertung des Workshops dienen kann. Aber ich hoffe, Sie merken, welchen emotionalen Einfluß die Gruppe auf mich hatte, und Sie werden verstehen, welche Hoffnung ich aus dieser Erfahrung geschöpft habe. Mitte Vierzig habe ich endlich einen gewissen Grad an Reife erlangt. Ich werde in zwei Wochen beginnen, ein *eigenes* Leben zu leben, nachdem ich meiner Mutter die Sicherheiten verschafft habe, die sie braucht, um ihrerseits *ihr eigenes* Leben führen zu können. Ob sie es vermag, hängt nun ganz von ihr ab – ich kann ihr Leben nicht mehr für sie leben, und genausowenig kann sie weiterhin mein Leben für mich leben, so wie sie es immer versucht hat. Was der Workshop für mich bedeutet hat? Er hat mir geholfen, mein eigenes Leben zu finden.«

Der Preis für die Unabhängigkeit

Fünf Wochen vergingen, ehe der nächste Brief kam, in dem sie schrieb:

»Vielen Dank für Ihren Brief, der mir die Tür für weitere Korrespondenz offenhielt. Es tut mir gut, über meine Gefühle zu schreiben, aber ich erwarte wirklich nicht, daß Sie versuchen, auf jede Katharsis bei mir einzugehen.
... Sie haben ganz recht, Unabhängigkeit ist eine kostspielige Sache, aber ich weiß, daß ich nicht mehr zurückkehren kann, gleichgültig, wie hoch der Preis ist. Meine Mutter äußerte sich letzten Dienstag erstmals zu unserem neuen Status. Wir waren unterwegs zu unserer wöchentlichen Bridgeparty bei Freunden von uns. Sie sagte, sie könne sich einfach nicht an die Veränderung gewöhnen; nachts sei es am schlimmsten, und häufig läge sie stundenlang wach und denke über alles nach. Es war nicht einfach, darauf zu antworten, aber ich sagte trotzdem: ›Ja, es ist schwer, etwas zu verändern. Ich habe auch Schwierigkeiten. Es wird eine Weile dauern, bis wir uns daran gewöhnt haben.‹ Sie sagte, sie würde sich nie daran gewöhnen, und daraufhin schwieg ich. Ich wußte nicht, was ich dazu sagen sollte. Der Abend war verdorben, und den ganzen nächsten Tag brütete ich vor mich hin. Am gleichen Tag kam Ihr Brief, der mir etwas half.
Ich bewege mich in sprungartig wechselnden Zyklen einmal nach oben, dann wieder nach unten. Manchmal erscheint es mir völlig unglaublich, daß all dies geschehen ist, und ich habe ähnliche alptraumartige Vorstellungen, wie meine Mutter sie neulich erwähnte – daß ich eines Tages aufwachen und merken werde, daß alles nur

ein Traum war und die alte Situation wieder Wirklichkeit geworden ist ... Ich habe manchmal das Gefühl, auf drei verschiedenen Ebenen zu leben: 1. der körperlichen Ebene (»gut level«), von der Sie gesprochen haben, auf der mein Sein das tut, was es für richtig hält; 2. der emotionalen Ebene, auf der Träume oder Illusionen von der Gegenwart mich niederdrücken; 3. der intellektuellen Ebene, die die emotionale Ebene bekämpft und versucht, alles zu rationalisieren.«

Ich möchte diese Feststellung vom Standpunkt eines an der Persönlichkeitstheorie interessierten Psychologen betrachten, da sie die Aspekte der persönlichen Veränderung ungemein gut beschreibt. Auf der einen Seite ist Ellen sich zum erstenmal der Gefühle und Reaktionen ihres Organismus wirklich bewußt. Ihr ganzes Sein erfährt das neue Erlebnis, durch diese Reaktionen geleitet zu werden, und es spürt, wie richtig das für sie ist. Auf der anderen Seite erheben sich alle aus der Akkumulation der von der Mutter introjizierten Werte hervorgegangenen Emotionen, um über sie herzufallen. »Du bist böse, weil du deine Mutter verlassen und betrogen hast.« – »Du bist böse, weil du nicht tust, was sie will, und dein Leben dir wichtiger ist als das ihre.« – »Du bist schlecht, weil du einen verheirateten Mann liebst.« – »Du bist böse, weil du deine Mutter wütend machst.« Die alten Gefühle der Angst und Schuld, der Schlechtigkeit und Wertlosigkeit wiederholen sich wie in der Vergangenheit. Aber diesmal gibt es einen Unterschied. Ihr Verstand ist imstande zu sagen: »Ja, ich spüre die Angst und die Schuld, aber mein Organismus erlebt meine ›Bosheit‹ nicht. Er ist froh über die Trennung von der Mutter, glücklich über Georges Liebe und im Innern traurig über Mutters Wut.« Ihr Intellekt steht, wie sie sagt, auf der Seite des Organismus und seiner Reaktionen – auf der Seite dessen, was sie *selbst* erlebt. Deshalb bin ich sicher, daß die introjizierten Werte mit der Zeit ihre Macht verlieren.

Ellen fährt in ihrem Brief fort: »... der Konflikt ist verheerend. Ich bin physisch völlig fertig, todmüde und an nichts mehr interessiert. Letzte Woche gab ich zum erstenmal eine Einladung zum Abendessen; es ging zwar nicht alles glatt, aber ich fühlte mich doch ein wenig in Hochstimmung. In dieser Woche möchte ich am liebsten mit allem Schluß machen – mit dem Leben, meine ich. Aber vielleicht geht es mir nächste Woche wieder viel besser ...«

Angst vor der Unabhängigkeit

»Ich glaube, das große Problem – abgesehen von den Sorgen um Mutter, die tatsächlich geringer geworden sind – stellt sich mit der Tatsache, daß ich offenbar nicht fähig bin, auf eigenen Füßen zu stehen. In diesem Punkt muß ich mich immer wieder an Ihr Buch und Ihren Ansatz erinnern. Ich kann mich nicht auf Freunde verlassen, so gern ich das auch täte. Mir fehlt mein guter Freund George, der mir viel hilft. Er ist sehr beschäftigt und beruflich in einer miserablen Situation. Seit mehr als einer Woche habe ich nicht einmal mit ihm gesprochen.

... Wenn Eltern nur einsehen könnten, wie sehr sie ihren Kindern schaden, indem sie alles für sie tun, ihnen nichts selbst überlassen und sie nicht aus dem Nest stoßen, wenn sie merken, daß sie es freiwillig nicht verlassen wollen. Aber etwas Schuld liegt auch bei mir; ich hätte das alles schon vor vielen Jahren hinter mich bringen sollen. Jetzt bin ich fünfundvierzig Jahre alt, aber ich fühle mich wie ein zehnjähriges Mädchen, das sich in einem Wald verlaufen hat. Ich weiß, daß ich irgendwann den Weg hinaus finden werde. Aber vor der Zeit bis dahin habe ich Angst, denn mehr als einen Schritt nach dem anderen schaffe ich nicht. Manchmal versuche ich mir vorzustellen, was Mutter in diesem Punkt durchmacht. Aber jeder, selbst der Pastor, versichert mir immer wieder, daß sie eine starke Frau ist und alles viel besser übersteht als ich. Und deshalb denke ich, außer wenn ich sie sehe, kaum an ihre Schwierigkeiten und brüte ausschließlich über den meinigen.«

Für mich ist es faszinierend, zu sehen, wie sich das Problem nach und nach von den Schuldgefühlen in bezug auf die Mutter zu der Erkenntnis verlagert hat, daß sie selbst das Problem ist, daß es ihr unheimlich schwerfällt, auf eigenen Füßen zu stehen und ihr eigenes Leben zu leben. Hier liegt eine Angst vor, die sie *erlebt*. Sie zahlt, wie sie sagt, einen hohen Preis für ihre Unabhängigkeit, und dennoch ist offenkundig, daß sie in ihrem Kampf Fortschritte macht. Sie erkennt die Tatsache, daß sie im Alter von fünfundvierzig Jahren emotional einer Zehnjährigen gleicht, und das ist ein ganz beachtlicher Schritt.

Sie wagt eine Konfrontation und ist dankbar

Der nächste Brief kam einen Monat später:

»Ich glaube, als ich das letztemal schrieb, war ich ziemlich deprimiert, aber diesmal geht es mir weit besser. Die einzigen schlimmen Tage sind die Wochenenden und unser Bridgespiel am Dienstagabend. Sie wird mit ihrer Situation nicht fertig und macht immer wieder Anspielungen, um mir zu zeigen, wie unglücklich sie ist. Ich glaube jedoch, daß viele Mütter das mit ihren Kindern machen, und werde in meiner Einstellung zu ihr immer sicherer.
Dazu ein Beispiel: Meine Cousine Sally lud Mutter und mich ein, den Thanksgiving Day bei ihr zu verbringen. Sie wohnt nur zwanzig Kilometer von uns entfernt, und wir besuchen sie häufig. Weihnachten sind wir auch jedes Jahr bei ihr. Letztes Wochenende sagte Mutter, sie habe keine Lust, den Thanksgiving Day bei Sally zu verbringen, da wir Weihnachten sowieso bei ihr seien. Die Tatsache, daß sie Sally bereits versprochen hatte, für sie zu backen, schien unwichtig. Ihre Stimme hatte den bestimmten Tonfall, den ich nur zu gut kenne. Ich sagte nichts. Wenig später begann sie erneut davon zu sprechen und sagte, sie würde nicht hingehen. Wenn ich für diesen Tag etwas vorhätte, dann sollte ich tun, wozu ich Lust hätte. Ich sagte immer noch nicht viel, aber als sie zum drittenmal davon anfing, sagte ich: ›Mutter, Sally hat mich eingeladen, und ich werde hingehen. Du kannst tun, was du willst.‹ Danach schwieg sie eine Weile, und schließlich sagte sie: ›Holst du mich am Thanksgiving Day ab?‹ Also wirklich, wie kindisch kann ein Erwachsener nur sein!
In meinem Appartement geht es mir gut, obwohl ich seit einem Monat nicht mehr dazugekommen bin, es zu putzen. Ich lerne kochen und hatte neulich Freunde eingeladen, die seit Jahren nicht mehr bei mir gewesen waren. Es war herrlich, einfach dazusitzen, etwas zu trinken und ganz natürlich miteinander zu reden – und ich war in meiner eigenen Wohnung!
Ich glaube, an diesem Thanksgiving Day kann ich wirklich dankbar sein. Ich hoffe nur, daß meine Mutter etwas findet, das ihrem Leben einen Sinn gibt, aber ich weiß auch, daß es nicht in meiner Macht steht, es für sie zu suchen. Alles Gute für Ihre Ferien.«

Zum erstenmal hat Ellen es gewagt, ihre Mutter mit der Tatsache zu konfrontieren, daß sie eine eigenständige Person ist. Als sie ihrer Mutter ein Appartement suchte, geschah das mit großen Schuldgefühlen und ohne viel echte Konfrontation. Jetzt sagt sie jedoch zu der Mutter: »Ich gehe, du kannst tun, was du willst.« Sie hat endlich die Nabelschnur durchschnitten und es – sicherlich nicht ohne Schwierigkeiten – geschafft, zu sagen: »Ich bin selbst eine Person.« Jetzt feiert sie wirklich ihren Unabhängigkeitstag, ihren 4. Juli. Darüber schreibt sie in einem Brief, den ich einen Monat später erhielt:

». . . Das Mutterproblem erledigt sich nach und nach von selbst. Sie kommt mir zwar immer wieder mit ihrem Selbstmitleid, aber ich gehe darauf nicht mehr ein. Ich weiß, wie schwierig es für sie ist, sich anzupassen, und ich versuche ihr zu helfen, soweit es geht, ohne mich wieder an sie zu binden. Soweit es diese Situation betrifft, ist die Nabelschnur durchtrennt worden – und zwar endgültig.«

Von allen anderen Seiten hört sie, daß es ihrer Mutter eigentlich gutgeht und sie ganz zufrieden ist.

Ein weiterer Schlag

Eigentlich müßte man annehmen, daß diese schmerzliche und schwierige Trennung, die mit dem erfolgreichen Durchschneiden der Nabelschnur endet, in dieser kurzen Zeit Kampf und Wachsen genug war. Aber im gleichen Zeitraum begann George sich von Ellen, die ihn sehr liebte und sich sehr auf ihn stützte, zurückzuziehen, zum Teil aufgrund der Schwierigkeiten seiner Frau, zum Teil aber auch aus anderen Gründen. Das war, wie sie in späteren Briefen schrieb, ein »doppelter K.-o.-Schlag«. Ihre Briefe berichten von ihrem Schmerz und ihrem Kampf, damit fertig zu werden, aber im Grunde ist es die gleiche Geschichte noch einmal. In einem Brief erwähnt sie, daß eine Freundin zu ihr sagte: »Du stehst diese Krisen beachtlich gut durch.« Die Freundin ist überrascht, »daß ich mich von dem zweiten Schlag so schnell erholt habe«. Sie schreibt weiter:

»Ich war so traurig, als wäre ein Baby gestorben – aber es war eher der Schmerz über ein verlorenes Gefühl als Trauer über den Verlust eines Menschen. Durch den Verlust dieses Gefühls öffne ich vielleicht mein Leben für viele andere und interessantere Erfahrungen. Statt immer und jederzeit für ihn zur Verfügung zu stehen, kann ich jetzt daran denken, mich mit Freunden zu treffen, die ich seit langem nicht mehr gesehen habe. Nach echter Zuneigung zu suchen ist Zeitverschwendung. Wenn sie kommt, dann kommt sie. Wenn nicht, dann akzeptiere ich einfach, was ich immer empfunden habe, nämlich, daß ich nicht sonderlich liebenswert bin, weil ich nicht richtig zu lieben gelernt habe. Vielleicht hilft mir das, anderen gegenüber offener zu sein und mir einen Ersatz für die fehlende tiefe, persönliche Beziehung zu einem anderen Individuum zu schaffen.«

Lohnt sich der Schmerz des Wachsens?

In dieser Zeit, als Ellen zum zweitenmal tiefen Schmerz erlebte, erwähnte ich in einem Brief an sie die Überlegung, daß sie sich doch sicher gelegentlich wünschen müßte, sie hätte von dem Workshop, durch den sie in unsere Gruppe kam, nie etwas gehört. Sie antwortete, acht Monate nach der Gruppenerfahrung: »Sie wollen wissen, ob ich die Gruppenerfahrung noch einmal machen möchte, und ich antworte Ihnen mit ›Ja‹. Die Gruppe bedeutete mir sehr viel ... Sie hat mir und meinem Leben eine neue Dimension eröffnet und mich reifer werden lassen. Nein, ich würde die Gruppenerfahrung für nichts in der Welt hergeben. Und obwohl ich in den Monaten seither mehrfach durch die Hölle gegangen bin, habe ich viel gelernt und bin dankbar für jede Erfahrung, die ich durch dieses Lernen gewonnen habe.«

Einige abschließende Gedanken

Von vielen Seiten wird heutzutage nach den Encounter-Gruppen und ihrem Wert gefragt. Diese Fragen würden in bezug auf Ellens Erfahrung in etwa lauten: War es eine beunruhigende Erfahrung? Machte diese Erfahrung sie unglücklich oder deprimiert? Führte sie zu Reibungen in ihren engeren Beziehungen? Veränderte sie ihre Einstellungen hinsichtlich der Beziehungen zwischen Mann und Frau? Entfernte sie sich aufgrund der Erfahrung von den orthodoxen Moralvorstellungen? Wurde sie emotional labil? Die Antwort auf all diese Fragen lautet zweifellos: *ja!* Die Gruppenerfahrung erwies sich als sehr beunruhigend; sie führte zu tiefer Depression, sie veränderte ihre Beziehung zur Mutter so sehr, daß die Mutter hysterische Anfälle bekam; ihre emotionalen Reaktionen schwankten heftig, und sie begann ihre Liebe zu einem verheirateten Mann zu akzeptieren. Daraus folgt für den Fragesteller generell, daß Ellens Erfahrung mit einer Encounter-Gruppe nicht nur wertlos war, sondern auch noch einen destruktiven Einfluß ausübte. Diese Art der oberflächlichen Beurteilung hat vielfach zu kritischen und besorgten Äußerungen über die wachsende Zahl der Encounter-Gruppen geführt.

Aber betrachten wir Ellens Erfahrung von einem anderen und wichtigeren Standpunkt aus, nämlich ihrem eigenen.

- Die Gruppenerfahrung war eine der kostbarsten Erfahrungen in ihrem Leben, eine Erfahrung mit Menschen, denen sie wichtig war und die ihr halfen, die Türen in ihrem Inneren zu öffnen. Eine Flut von Einsichten und Gefühlen half ihr ganz allmählich die Türe zur Erfahrung ihrer selbst zu öffnen. Dennoch war sie sicher, daß diese Türe sich wieder schließen würde.
- Sie wurde sich der Tatsache bewußt, daß ihr Leben auf der einen Seite von der Mutter beherrscht wurde, daß sie aber auf der anderen Seite völlig von ihr, ihrer Zuneigung und ihrer Zustimmung abhängig war. Sie erkannte, wie sehr sie ihre Mutter fürchtete.
- Zum erstenmal in ihrem Leben begann sie ernsthaft daran zu denken, diese Nabelschnur zu durchtrennen.
- Sie fängt an, ihren eigenen Gefühlen zu vertrauen, statt den Wertvorstellungen und Beurteilungen der Mutter zu folgen – zum Beispiel in bezug auf ihren Freund George.
- Sie unternimmt den entscheidenden Schritt und besorgt ihrer Mutter ein eigenes Appartement.
- Sie erträgt die Schuldgefühle und die Angst, die dieser Entscheidung und ihren daraus resultierenden Handlungen folgen.
- Obwohl es sie ängstigt und deprimiert, befreit sie sich von ihrer Mutter, zuerst auf innerem, psychologischem Wege, dann durch die räumliche Trennung und schließlich durch das mutige Betonen der Tatsache, daß sie ihr eigenes Leben leben will.
- Sie ist langsam aus vielen alten Gewohnheiten herausgewachsen und kämpft darum, ihr eigenes Leben zu finden.
- Sie hat den Schrecken des Unabhängigseins erlebt und ist mit ihm fertig geworden.
- Den Schmerzen und Leiden in ihrem Liebesleben begegnet sie mit neuem Mut.

- Sie hat in dem nie endenden Kampf, eine bewußtere und vollständigere Person zu werden, große Fortschritte gemacht. Und der Mut, sie selbst zu sein, bedeutet ihr so viel, daß sie wenn nötig alle Schmerzen noch einmal durchleben würde, um ihn zu finden.

Ihre Geschichte ist kein Einzelfall. Die intensive Gruppenerfahrung war für viele andere Menschen ein Wendepunkt in ihrem Leben. Aber hier geht es nur darum, was mit *einer* Person aufgrund der Erfahrungen einer *einwöchigen* Encounter-Gruppe geschah.

Sechs Jahre später

Durch Zufall stieß ich sechs Jahre nach der Gruppe in jenem Workshop wieder auf die Korrespondenz zwischen Ellen und mir. Ich erkannte, wieviel Persönliches darin enthalten war und wie sehr es anderen helfen konnte, die ähnliche Kämpfe durchmachten. Ich schrieb ihr und bat sie um die Erlaubnis, Auszüge aus ihren Briefen veröffentlichen zu dürfen, was sie mir gern erlaubte. Als ich dieses Kapitel zusammengestellt hatte, schickte ich ihr eine Kopie und bat sie um Durchsicht auf mögliche Irrtümer hin. Sie war mit allem einverstanden und schrieb mir in diesem Zusammenhang zwei weitere Briefe, die meiner Ansicht nach einen passenden Epilog für den hier beschriebenen Kampf um persönliches Wachsen abgeben. Die nachstehenden Auszüge lassen erkennen, wie tief die fortlaufende Veränderung in ihr gegangen ist.

»Lieber Carl,
es war ein seltsames Erlebnis, Ihr Manuskript zu lesen. Ich fühlte mich völlig unbeteiligt, so als läse ich einen Fallbericht in einem Ihrer Bücher. An einige der in meinen Briefen geschilderten Emotionen kann ich mich kaum noch erinnern. Wie wunderbar ist doch der Mensch – er kann Schmerz und Leid vergessen. Ich möchte das alles dennoch nicht noch einmal durchmachen, aber da ich es durchgemacht habe, weiß ich, daß ich zukünftige Krisen weitaus besser meistern werde, weil ich begonnen habe, mein eigenes Leben zu leben – wirklich zu leben.«

Die Beziehung zu George blieb nach unserem letzten Briefwechsel noch einige Zeit bestehen, aber sie wurde immer unbefriedigender, bis

Ellen schließlich die Initiative ergriff und einen offenen und ehrlichen Bruch herbeiführte. »Damit befreite ich mich von einer weiteren Fessel – von einer jahrelangen emotionalen Abhängigkeit, die überhaupt nicht notwendig war. In gewisser Hinsicht war es die Durchtrennung einer zweiten Nabelschnur.«

Über ihr unabhängiges Leben in ihrem Appartement schrieb sie: »Ich habe es eingerichtet, sammle Bilder (soweit ich es mir leisten kann), koche mittlerweile gern und gut und habe häufig Gäste. All das bedeutet, daß ich erwachsen werde. Ich habe nie gelernt zu kochen, Gäste zu bewirten oder überhaupt eine Hausfrau zu sein. Seit ich allein lebe, mußte ich mir das alles selbst beibringen.

Natürlich ist nicht alles großartig. Ich habe immer noch schlimme Kopfschmerzen, aber ich glaube, die Ursache ist eher physischer als psychischer Natur. Demnächst werde ich das untersuchen lassen.«

Sie berichtet mit echter Befriedigung, wie sie in einer schwierigen Mutter-Tochter-Beziehung geholfen hat. Die Mutter, eine Freundin von ihr, war eine steife, formelle Person, die ihre Tochter ständig wegen ihrer »Hippie«-Neigungen kritisierte. Ellen war es gelungen, ein entspanntes Klima zu schaffen, in dem Mutter und Tochter sich ausdrücken konnten. »Ich habe das Gefühl, daß vieles von dem, was in den letzten zweieinhalb Monaten geschehen ist, auf das zurückzuführen ist, was ich in der Encounter-Gruppe über mich selbst und über andere gelernt habe. Ich bin anderen Leuten gegenüber ganz sicher nicht mehr so verschlossen wie früher.«

Sie fährt fort:

»Vielleicht das wichtigste von allem: Ich habe jetzt eine bessere Vorstellung von mir selbst; ich bin zwar in keiner Weise völlig zufrieden mit mir, aber ich glaube, ich kann mit meinen Grenzen leben und meide ganz einfach Situationen, mit denen ich nicht fertig werde. Zum Beispiel gehe ich kaum noch zu geschäftlichen Versammlungen, bei denen ich die einzige oder fast die einzige Frau bin und keinen der Männer kenne. Es ist sinnlos, sich fortlaufend unangenehmen Situationen auszusetzen, wenn es nicht absolut notwendig ist. Genauso, wie ich mich entschlossen habe, nicht mehr über Gebirgsstraßen zu fahren, weil mir dabei schlecht wird. In mancher Hinsicht bin ich verkrüppelt und werde es wahrscheinlich immer bleiben, so wie das Gegenteil bei manchen anderen zutrifft, die in der einen oder anderen Weise zu schnell erwachsen wurden.«

Es ist schwierig sich vorzustellen, daß Ellen ihre Mutter nur nebenbei erwähnt, aber in diesem Sinne beginnt einer ihrer letzten Absätze:

»Übrigens geht es meiner Mutter sehr gut. Ich bewundere mittlerweile ihren starken Willen, geistig frisch und aktiv zu bleiben. Sie zeigt wieder ein neues Interesse an der Arbeit der sozialen Organisation, der sie seit Jahren angehört, und nimmt wieder an ihren Veranstaltungen teil. Es macht mir Spaß, am Wochenende mit ihr zusammen zu sein oder Samstag mit ihr einkaufen zu gehen. Wenn ich allerdings mehr als zwei Stunden bei ihr sitze, esse und fernsehe, dann bin ich reif für ein Beruhigungsmittel. Sie scheint sich als Gast in meiner Wohnung wohl zu fühlen und interessiert sich sehr dafür, wie ich sie eingerichtet habe, obwohl sie gelegentlich ein wenig entsetzt ist, daß ich für Bilder Geld ›hinausschmeiße‹.«

Schluß

Meiner Ansicht nach bestätigen diese letzten Briefe alles, was bereits in der früheren Korrespondenz erkennbar war. Ellen wird erwachsen, wie sie sagt, und obwohl dieses Reifen viel später als sonst üblich stattfindet, bereichert und erhöht es ihr Leben. Sie trifft ihre eigenen Entscheidungen, folgt ihrer eigenen Richtung und begegnet dem Leben sehr realistisch. Wer von uns könnte mehr verlangen!

6.
Die einsame Person – und ihre Erfahrungen in einer Encounter-Gruppe

Ich möchte mit einem kurzen Auszug aus einem Brief beginnen, den mir ein Freund nach seiner Erfahrung in einer Encounter-Gruppe schrieb:

»Da stehen wir nun, jeder von uns, arme und verwirrte Kinder, treiben durch ein Universum, das viel zu groß und viel zu komplex für uns ist, umarmen andere Menschen, die viel zu andersartig und viel zu kompliziert für uns sind und stoßen sie wieder zurück; wir suchen nach Befriedigung unzähliger vager und wechselnder Bedürfnisse und Wünsche, erhaben und niedrig zugleich. Und manchmal klammern wir uns einfach aneinander. Nicht wahr?« (James Flynn, Ph. D.)

Ich werde nur kurz auf den ersten Teil dieser Feststellung eingehen und mich mehr auf das Thema konzentrieren: »Und manchmal klammern wir uns einfach aneinander.« Diesen Aspekt möchte ich untersuchen.

Ich glaube, daß die Menschen sich heutzutage ihrer inneren Einsamkeit bewußter sind als je zuvor in der Geschichte. Mir scheint, die Einsamkeit tritt offen zutage – genauso, wie wir uns wahrscheinlich der interpersonalen Beziehungen bewußter sind als jemals zuvor. Wenn man um das nackte Leben kämpft und nicht weiß, woher die nächste Mahlzeit nehmen, dann bleibt weder Zeit noch Neigung zu der Feststellung, daß man den anderen Menschen in einem tiefen Sinne sehr fremd ist. Aber mit zunehmendem Wohlstand, wachsender Beweglichkeit und zunehmend flüchtigeren interpersonalen Systemen anstelle eines ruhigen Lebens in der Heimat der Väter werden sich die Menschen ihrer Einsamkeit mehr und mehr bewußt.

Zwei Aspekte erscheinen mir hier wichtig. Erstens das Alleinsein, die Isoliertheit, die ein grundlegender Teil der menschlichen Existenz ist. Du kannst nie wissen, was es bedeutet, ich zu sein, und ich kann nie wissen, was es heißt, du zu sein. Ob wir uns einander voll und ganz mitteilen wollen oder große Bereiche für uns behalten – die Tatsache bleibt, daß unsere Einzigartigkeit uns voneinander trennt. In diesem Sinne muß jeder Mensch allein leben und allein sterben. Wie er damit fertig wird – ob er seine Isoliertheit akzeptieren und sogar stolz auf sie sein kann, ob er seine Einsamkeit nutzt, um sich schöpferisch auszudrücken, oder ob er sie fürchtet und ihr zu entfliehen versucht – ist eine wichtige Frage, auf die ich aber nicht näher eingehen werde.

Ich möchte statt dessen von der Einsamkeit sprechen, die eine Person empfindet, wenn sie merkt, daß sie keinen echten Kontakt zu anderen Personen findet. Dazu können viele Faktoren beitragen: Die generelle Unpersönlichkeit unserer Gesellschaft, ihre Schnellebigkeit und ihre Ungereimtheiten – alles Elemente der Einsamkeit, die um so deutlicher hervortreten, je dichter wir zusammenleben. Und dann die Angst vieler Menschen vor jeder engen persönlichen Beziehung. Das sind nur einige der Faktoren, die dazu führen können, daß ein Individuum sich von anderen ausgeschlossen fühlt.

Aber ich glaube, es gibt noch einen tieferen und allgemeineren Grund für die Einsamkeit. Um es kurz zu sagen, eine Person fühlt sich am einsamsten, wenn sie einen Teil ihrer äußeren Schale, ihrer Fassade, abgelegt hat – das Gesicht, mit dem sie der Welt bislang begegnet ist – und sicher ist, daß niemand sie verstehen, akzeptieren oder den entblößten Teil ihres inneren Selbst lieben kann.

Jeder lernt früh im Leben, daß er eher geliebt wird, wenn er sich so verhält, wie die anderen es von ihm erwarten, statt seinen eigenen Gefühlen spontan Ausdruck zu geben. Deshalb beginnt er sich eine Schale äußerer Verhaltensweisen zuzulegen, über die er in Beziehung zur Welt tritt. Diese Schale kann relativ dünn sein, eine Rolle, die er bewußt spielt, wissend, daß er – als Person – ganz anders ist als diese Rolle. Sie kann aber auch vielfach gepanzert sein und von der *Person selbst* als wahres eigenes Selbst betrachtet werden, wobei die innere Person völlig in Vergessenheit geraten ist.

Wenn das Individuum nun etwas von dieser Abwehrschale hat fallenlassen, dann ist es der wahren Einsamkeit am meisten ausgesetzt. Vielleicht hat es seine Fassade oder einen Teil von ihr absichtlich aufgegeben, um sich selbst ehrlicher begegnen zu können. Oder seine Abwehr ist durch äußere Angriffe durchbrochen worden. In jedem Fall ist sein inneres, privates Selbst – ein kindliches Selbst, voller Gefühle, mit Fehlern und positiven Qualitäten, mit kreativen wie destruktiven Impulsen – entblößt und ungemein *verwundbar*. Das Individuum ist überzeugt, daß niemand dieses verborgene Selbst zu verstehen oder zu akzeptieren vermag, daß kein Mensch dieses seltsame und widersprüchliche Selbst, das es immer zu verbergen versucht hat, lieben oder mögen kann. Deshalb stellt sich bei ihm ein tiefes Gefühl der Entfremdung von anderen ein, ein Gefühl, das besagt: »Wenn irgend jemand mich kennenlernt, wie ich *wirklich* und *im Innersten* bin, dann kann er mich unmöglich respektieren oder lieben.« Dieser Einsamkeit ist es sich bitter bewußt.

Lassen Sie es mich etwas anders formulieren. Einsamkeit grenzt an Verzweiflung, wenn eine Person sich eingesteht, daß der Sinn des Lebens nicht in der Beziehung seiner äußeren Fassade zur äußeren Realität liegt und liegen kann. Wenn ich glaube, daß die Bedeutung meines Lebens in der Beziehung meiner Rolle als Psychologe zu Ihrer Rolle als Erzieher, Karrierefrau oder was auch immer zu finden ist, wenn ein Priester annimmt, die Bedeutung seines Lebens läge in der Beziehung zwischen seiner Rolle als Priester und seiner Kirche als einer Institution, dann besteht die Wahrscheinlichkeit, daß jedes dieser Individuen an einem bestimmten Punkt zu seinem Kummer feststellen muß, daß dies keine angemessene Basis und kein ausreichender Grund zum Leben ist.

Einsamkeit gibt es auf vielen Ebenen und in vielen Abstufungen, aber der schmerzlichsten und heftigsten Einsamkeit fühlt sich jenes Individuum ausgesetzt, das aus dem einen oder anderen Grunde ohne seine gewohnte Abwehr als verletzbares, erschrecktes, einsames, aber *wirkliches* Selbst überzeugt ist, daß es von einer urteilenden und verurteilenden Welt zurückgewiesen wird.

Die Einsamkeit im Innern

Es steht außer Zweifel, daß das Individuum in einer Encounter-Gruppe häufig Heilung von seiner Entfremdung, seinem Mangel an Beziehungen zu anderen findet. Das geschieht auf verschiedenen Wegen. Der erste Schritt ist nicht selten die körperliche Erfahrung der Gefühle der Isolation, die es bislang vor sich verborgen hat. Ein lebendiges Beispiel bietet der Fall von Jerry, einem tüchtigen Geschäftsmann [13]. Verwirrt von den Bemerkungen einiger anderer Gruppenmitglieder, sagte er in einer der ersten Sitzungen: »Ich be-

---

[13] Das Beispiel ist einem Dokumentarfilm mit dem Titel *Reise in das Selbst* entnommen, der von der Pennsylvania State University verliehen wird und mit einem akademischen Filmpreis ausgezeichnet wurde.

trachte mich selbst mit einiger Befremdung, denn ich habe zum Beispiel keine Freunde und brauche sie offenbar auch nicht.« In einer späteren Sitzung hörte er, wie Beth, eine verheiratete Frau, über die Entfremdung zwischen ihr und ihrem Mann sprach und dabei erklärte, daß sie sich nach einer tieferen und kommunikativeren Beziehung sehnte. Plötzlich begann es in seinem Gesicht zu zucken, und seine Lippen zitterten. Roz, ein anderes Gruppenmitglied, sah das, ging auf ihn zu und legte ihm den Arm um die Schultern, und Jerry brach in ein buchstäblich unkontrollierbares Schluchzen aus. Er hatte in sich eine Einsamkeit entdeckt, von der er nichts geahnt hatte und vor der er sich mit einer gepanzerten Fassade aus Selbstgenügsamkeit geschützt hatte.

Ein junger, ziemlich selbstsicherer und im Umgang mit anderen Personen fast ein wenig hochnäsiger Mann führte über seine Reaktionen in einer Encounter-Gruppe Tagebuch. Er berichtet, wie er dazu kam, sein nahezu kriecherisches Verlangen nach Liebe und sein Bedürfnis nach menschlichem Kontakt zu akzeptieren und durch dieses Akzeptieren eine Veränderung einleitete. Er schreibt:

»In der Pause zwischen der dritten und der vierten Sitzung fühlte ich mich sehr müde. Eigentlich wollte ich mich hinlegen, aber statt dessen trieb es mich förmlich zu anderen Leuten, mit denen ich eine Unterhaltung begann. Ich fühlte mich wie ein ängstlicher kleiner Hund, der hofft, gestreichelt zu werden, aber gleichzeitig fürchtet, daß man ihn verjagt. Schließlich ging ich doch auf mein Zimmer, legte mich hin und merkte, daß ich traurig war. Manchmal wünschte ich mir, mein Zimmerkollege käme herein und würde mit mir reden, und wenn jemand an meiner Tür vorbeiging, hoffte ich, die Person träte ein und spräche mit mir. Ich erkannte mein tiefes Verlangen nach Güte und Freundlichkeit.«

Nach dieser Akzeptierung seines einsamen Selbst begannen sich seine Beziehungen zu ändern.

Joe, ein College-Student aus einer anderen Gruppe, wurde an einem Punkt immer niedergeschlagener. Er saß schweigend da, den Kopf in seine Hände gelegt, die Augen geschlossen und von der übrigen Gruppe vollständig isoliert. Zuvor hatte er einen sehr lebendigen Eindruck gemacht, von den Schwierigkeiten bei der Durchführung eines von ihm geleiteten Projekts berichtet und erzählt, wie sehr es ihn ärgere, daß die College-Verwaltung ihn nicht wie eine Person behandelt. Aber dann war er mehr und mehr in sich zurückgesunken. Es bedurfte einiger Überredung seitens der übrigen Gruppenmitglieder, bis er sich langsam wieder öffnete und sagte, was ihn traurig machte. Der Hauptpunkt war, das niemand *ihn* mochte. Einige Fakultätsmitglieder hatten ihn gern, weil er gute Noten hatte. Einige Leute aus der Verwaltung schätzten ihn, weil er bei dem oben erwähnten Projekt gute Arbeit leistete. Seine Eltern interessierten sich überhaupt nicht für ihn und wünschten ihn so weit wie möglich fort. Er sagte: »Selbst die Mädchen, die ich kenne, wollen zwar mit mir ins Bett, aber sie wollen nicht *mich*.« Er sah sich der Tatsache gegenüber, daß er zwar als guter Student geachtet und seiner Leistung wegen respektiert wurde, seine innere Person, sein wahres Selbst sich jedoch unverstanden und ungeliebt fühlte. Als einige aus der Gruppe, die ihn gut kannten, die Arme um ihn legten und seine Hände ergriffen, drang diese nichtverbale Kommunikation langsam zu ihm durch und überzeugte ihn allmählich, daß einige Menschen ihn vielleicht doch mochten.

Es geschieht nicht nur in Encounter-Gruppen, daß man seine Einsamkeit erfährt. In dem Film *Rachel, Rachel* führt die fünfunddreißigjährige Lehrerin ein eingeengtes, eingesperrtes, aber scheinbar zufriedenes Leben. Ihre Einsamkeit entdeckt sie erst, als sie mit lächelndem Gesicht die Bridgefreundinnen ihrer Mutter begrüßt, mit strahlender Fassade herumgeht und Süßigkeiten verteilt. Dann geht sie auf ihr Zimmer und weint herzzerreißend über ihren vollständigen Mangel an engem Kontakt zu irgendeinem lebenden menschlichen Wesen.

»Was ich wirklich bin, ist nicht liebenswert«

Ein wichtiges Element, das die Leute in ihrer Einsamkeit eingesperrt sein läßt, ist die Überzeugung, daß ihr wirkliches, ihr inneres Selbst – das Selbst, das vor anderen verborgen bleibt – ein Selbst ist, das niemand lieben kann. Den Ursprung dieses Gefühls aufzuzeigen ist nicht schwierig. Die spontanen Gefühle eines Kindes und seine echten Einstellungen sind von den Eltern oder anderen so oft mißbilligt worden, daß es mit der Zeit sich selbst diese Einstellung zu eigen gemacht hat und glaubt, daß seine spontanen Reaktionen und das Selbst, das es in Wirklichkeit ist, eine Person ausmachen, die niemand lieben kann.

Vielleicht zeigt ein Vorfall, der sich in einer Gruppe von Highschool-Mädchen und einigen ihrer Lehrer ereignete, wie Einsamkeit nach und nach zutage tritt und von dem Individuum wie auch von der Gruppe entdeckt wird und welche Angst selbst eine äußerlich entschieden liebenswerte Person vor der Tatsache hat, daß man ihr inneres Selbst nicht akzeptiert. Sue machte den Eindruck eines ziemlich ruhigen, aber offenbar sehr aufrichtigen und offenen Mädchens. Sie war eine gute Schülerin und Leiterin einer Organisation, deren Mitglieder sie ihrer Tüchtigkeit wegen gewählt hatten. Zu Anfang der Wochenend-Gruppe sprach sie über ihre derzeitigen Probleme. Sie zweifelte an ihrem religiösen Glauben und an einigen ihrer Wertvorstellungen, sie fühlte sich sehr unsicher und gelegentlich sogar verzweifelt, wenn sie nach Antworten auf die Fragen suchte, die diese Zweifel in ihr wachriefen. Sie wußte, daß sie die Antworten in sich selbst finden mußte, aber sie schienen sich ihr zu entziehen, und das machte ihr Angst. Einige Mitglieder der Gruppe versuchten sie zu beruhigen, aber das zeigte kaum eine Wirkung. An einer anderen Stelle sprach sie davon, daß häufig andere Schüler mit ihren Problemen zu ihr kamen. Sie hatte das Gefühl, ihnen nützlich gewesen zu sein, und es befriedigte sie, wenn sie anderen helfen konnte.

Am nächsten Tag wurden einige sehr bewegende Gefühle ausgedrückt, und die Gruppe verharrte eine geraume Zeit in tiefem Schweigen. Dieses Schweigen unterbrach Sue schließlich mit einigen intellektuellen Fragen, die absolut vernünftig waren, aber in diesem Augenblick völlig unpassend wirkten. Ich spürte intuitiv, daß sie nicht das sagte, was sie in Wirklichkeit sagen wollte, aber ihre Fragen enthielten keinerlei Hinweis auf ihre eigentliche Mitteilung. Ich fühlte den Wunsch, zu ihr zu gehen und mich neben sie zu setzen, aber dieser Impuls schien mir irgendwie verrückt, denn nichts deutete darauf hin, daß sie Hilfe suchte. Der Impuls war jedoch so stark, daß ich das Risiko einging, mich erhob und sie fragte, ob ich mich neben sie setzen dürfte, wohl wissend, daß die Möglichkeit bestand, von ihr zurückgewiesen zu werden. Sie machte mir Platz, und sobald ich neben ihr saß, setzte sie sich auf meinen Schoß, beugte den Kopf über meine Schulter und begann zu schluchzen.

»Seit wann weinst du?« fragte ich sie.

»Ich habe nicht geweint.«

»Nein, ich meine, seit wann du im Innern weinst.«

»Seit acht Monaten.«

Ich hielt sie einfach fest wie ein Kind, bis ihr Schluchzen allmählich nachließ. Einige Zeit später konnte sie über ihre Sorgen sprechen.

Sie hatte das Gefühl, daß sie anderen helfen konnte, daß aber niemand sie lieben und daher niemand ihr helfen konnte. Ich schlug ihr vor, sich umzusehen und die Gruppe zu betrachten, dann würde sie sehr viel Liebe und Zuneigung in den Gesichtern der anderen bemerken. Dann erzählte ein anderes Gruppenmitglied, eine Nonne, daß sie in ihrem Leben eine ähnliche Periode der Zweifel, der Hoffnungslosigkeit und des Gefühls, nicht geliebt zu werden, durchgemacht habe. Schließlich sprach Sue über die Scheidung ihrer Eltern. Sie vermißte ihren Vater sehr, und es bedeutete ihr viel, daß ein Mann ihr seine Zuneigung gezeigt hatte. Offenbar hatte ich intuitiv richtig gehandelt, aber ich habe keine Ahnung, wie es dazu kam. Sue war ein Mädchen, das wahrscheinlich jeder als charmante und liebenswerte Person bezeichnen würde, aber sie selbst empfand sich als nicht liebenswert. Meine Zuneigung und die der übrigen Gruppenmitglieder trugen viel dazu bei, diese Vorstellung zu ändern.

Aus den Briefen, die ich seither von ihr bekommen habe, geht deutlich hervor, daß die Erfahrungen dieser Liebe und Zuneigung seitens der Gruppe ihr über die Verzweiflung hinweggeholfen haben. Sie hat immer noch Zweifel und Fragen, aber die Hoffnungslosigkeit und das Gefühl, allein und ungeliebt zu sein, sind verschwunden.

Das Wagnis eingehen, das eigene innere Selbst zu sein

Wie aus einigen dieser Beispiele deutlich hervorgeht, kann die tiefe individuelle Einsamkeit, die Teil des Lebens so vieler Menschen ist, nur behoben werden, wenn das Individuum das Wagnis eingeht, anderen Individuen gegenüber sein wahres Selbst zu zeigen. Erst dann kann es feststellen, ob es menschlichen Kontakt schließen oder die Bürde seiner Einsamkeit erleichtern kann.

In dem oben bereits erwähnten Film *Rachel, Rachel* kommt dieser Augenblick, als Rachel bereit ist, ihre sexuellen Gefühle zu akzeptieren und sich einem jungen Mann hinzugeben, den sie zweifellos idealisiert hat. Die Liebesaffäre ist nicht das, was man als Erfolg bezeichnen würde, und Rachel wird von ihrem Freund verlassen. Dennoch hat sie gelernt, daß sie einem anderen Menschen nur wirklich begegnen kann, wenn sie bereit ist, ein Wagnis einzugehen. Diese Erfahrung bleibt ihr und stärkt sie als Person auf dem Wege in eine unbekannte Welt.

Ich kann darüber sehr persönlich reden, weil die Fähigkeit, ein

Risiko einzugehen, zu den Dingen gehört, die ich selbst in Encounter-Gruppen gelernt habe. Ich habe gelernt, daß es grundsätzlich nichts gibt, wovor man sich fürchten müßte, auch wenn ich nicht immer dieser Erkenntnis entsprechend lebe und handle. Wenn ich mich so gebe, wie ich *bin* – wenn ich ohne Abwehr, ohne Schutz und Schild einfach ich selbst sein kann und die Tatsache akzeptiere, daß ich viele Unzulänglichkeiten und Fehler habe, häufig voreingenommen statt aufgeschlossen bin und oft Gefühle habe, die durch die Umstände nicht gerechtfertigt sind, dann kann ich viel realer, viel wirklicher ich selbst sein. Und wenn ich keine Waffen trage und nicht versuche, anders zu sein, als ich bin, dann lerne ich viel mehr – auch aus Kritik und Feindseligkeit – und komme den Leuten viel näher. Aufgrund meiner Bereitschaft, verwundbar zu sein, bringen mir andere Menschen weitaus mehr echte Gefühle entgegen, so daß es sich immer lohnt, diese Bereitschaft zu riskieren. Ich genieße das Leben deshalb viel mehr, wenn ich nicht defensiv bin und mich nicht hinter einer Fassade verstecke, sondern einfach versuche, mein wirkliches Selbst auszudrücken und zu sein.

Diese Bereitschaft zu dem Wagnis, das eigene innere Selbst zu sein, ist zweifellos einer der Schritte zur Befreiung von der Einsamkeit, die in jedem von uns existiert. Ein College-Student drückte das sehr gut aus, als er sagte: »Ich fühlte mich heute in der Gruppe völlig allein und gleichzeitig völlig entblößt. Die anderen wissen jetzt viel zuviel von mir, dachte ich. Aber dann tat es mir auch gut zu wissen, daß ich mich nicht mehr hinter meiner kühlen Fassade verstecken mußte.«

Die einsame Person ist zutiefst davon überzeugt, daß man sie nicht mehr akzeptiert oder liebt, wenn ihr wahres Selbst bekannt wird. Es gehört zu den faszinierendsten Augenblicken im Leben einer Gruppe, wenn man sieht, wie diese Überzeugung langsam schwindet. Die Feststellung, daß eine ganze Gruppe von Leuten es viel einfacher findet, sich um das wahre Selbst statt um die äußere Fassade zu kümmern, ist nicht nur für die betreffende Person, sondern auch für die übrigen Gruppenmitglieder eine bewegende Erfahrung.

Nehmen wir zum Beispiel den Geschäftsmann Jerry, von dem bereits die Rede war und der stolz verkündete, er brauche keine Freunde, bis er dann seine Einsamkeit erlebte und erkannte. In einer der letzten Sitzungen sagte er zögernder, als ich es wiedergeben kann: »Ich glaube, es ist möglich, daß die anderen einem entgegenkommen, wenn man selbst bereit ist, ihnen entgegenzukommen. Ich meine, es ist *möglich,* daß das geschieht. Ich weiß nicht, warum es mir so schwerfällt, das zu sagen. Das einzige, worauf ich mich beziehen kann, ist das Gefühl, das ich hatte, als Beth von ihrem Problem sprach – und die Reaktion von Roz holte mich irgendwie zurück in die Gruppe – oder zurück zu den Menschen und zu den Gefühlen anderer Leute. Sie sind beteiligt. Sie *können* es sein. Die Leute können sich mit dir befassen, gleichgültig wer und wie du bist. Das habe ich erkannt. Und aus dieser Gruppe werde ich die Überzeugung mitnehmen, daß nicht nur hier, sondern überall die große, große Möglichkeit besteht, daß dies geschieht.« Als Jerry das sagte, war er den Tränen nahe, und alle anderen Gruppenmitglieder schienen tief bewegt.

Seine Worte enthalten eine tiefe Wahrheit: Er wurde zu den Menschen und zu den Gefühlen anderer Leute zurückgeholt. Das Individuum kann erst dann das Gefühl entwickeln, als Person respektiert und geliebt zu werden, wenn es merkt, daß es als das geliebt wird, was es ist, und nicht als das, was es mit seiner Maske vorgibt zu sein. Erst dann kann es Fühlung zu anderen aufnehmen und mit anderen in Fühlung bleiben. Es gehört mit zu den generellen Resultaten einer Encounter-Gruppe, daß eine Person zu neuem Respekt vor dem Selbst gelangt, das sie wirklich ist. Sie hat nicht mehr das Gefühl, ein Schwindler zu sein oder die anderen ständig betrügen zu müssen, um geliebt zu werden. Aber dieser neue Respekt vor dem eigenen Selbst geht nach der Gruppenerfahrung nicht selten wieder verloren, und nicht jedes Gruppenmitglied verliert seine Einsamkeit in der hier beschriebenen Weise. Dennoch scheint es mir ein Anfang zu sein.

Ich hoffe, diese Beispiele machen deutlich, daß die intensive Gruppenerfahrung dem Individuum oft Gelegenheit bietet, in sein Inneres zu blicken und die Einsamkeit seines wahren Selbst zu erkennen, das hinter seiner Alltagsfassade oder hinter dem Schutz seiner Rolle existiert. Es kann diese Einsamkeit voll erfahren und zugleich erleben, daß diese Erfahrung von anderen Gruppenmitgliedern akzeptiert und respektiert wird. Es kann Aspekte seiner selbst ausdrücken, deren es sich bislang geschämt hat oder die ihm allzu privat erschienen. Zu seiner Überraschung wird es feststellen, daß die Gruppenmitglieder auf sein wirkliches Selbst viel wärmer reagieren als auf die äußere Fassade, mit der es der Welt sonst beggnet. Dieses wahre Selbst können die anderen lieben, auch wenn es noch so fehlerhaft und unvollkommen ist. Wenn sich in einer Gruppe ein solches wahres Selbst einem anderen wahren Selbst nähert, dann kommt es zu der Ich-Du-Beziehung, die Martin Buber so gut beschrieben hat. Die Einsamkeit vergeht, die Person empfindet den echten Kontakt zu der anderen Person; das Gefühl der Entfremdung, das so sehr Teil ihres Lebens gewesen ist, schwindet.

Ich bin sicher, daß es viele andere Wege gibt, um mit der Einsamkeit, der Entfremdung und der Unpersönlichkeit in unserer Gesellschaft fertig zu werden. Ein Künstler kann seine Einsamkeit und sein echtes inneres Selbst in einem Gemälde oder in einem Gedicht ausdrücken und hoffen, daß er irgendwann und irgendwo die Wärme des Verstehens und der Anerkennung findet, die er braucht. Der Anblick echter Gefahr kann die Einsamkeit der Menschen ebenfalls vermindern. Unter Soldaten in Kriegszeiten oder unter anderen Personen in Todesgefahr kommt es häufig zu einer Öffnung des wahren Selbst, zu Verständnis und Akzeptierung seitens der anderen. Das erklärt die Intimität, die in solchen Gruppen möglich ist, das erklärt auch die Sehnsucht des Soldaten nach seinen ehemaligen Kameraden, wenn die Gruppe auseinandergefallen ist.

Schluß

Zweifellos gibt es noch weitere Möglichkeiten, diese Einsamkeit zu mildern. Ich habe lediglich versucht, einen Weg aufzuzeigen, nämlich die Encounter-Gruppe oder die intensive Gruppenerfahrung, in der sich offenbar die Möglichkeit bietet, wirkliche Individuen in Berührung mit anderen wirklichen Individuen zu bringen. Die Encounter-Gruppe ist meiner Ansicht nach die erfolgreichste moderne Erfindung, um mit dem Gefühl der Unpersönlichkeit, der Entfremdung und der Isolation fertig zu werden, unter dem so viele Menschen in unserer Gesellschaft leiden. Wie die Zukunft dieser Erfindung aussehen wird, weiß ich nicht. Vielleicht gerät sie in die Hände von Ideologen oder Manipulatoren. Vielleicht tritt auch etwas an ihre Stelle, das noch wirksamer ist. Im Augenblick ist sie jedenfalls das beste mir bekannte Instrument zur Heilung von der Einsamkeit, die viele Menschen beherrscht, und sie gibt Anlaß zu der Hoffnung, daß Einsamkeit nicht die Grundstimmung unseres individuellen Lebens sein muß.

7.
Was wir aus der Forschung wissen

In diesem Kapitel soll nicht versucht werden, einen Überblick über die zahlreichen Untersuchungen in bezug auf Encounter-Gruppen zu geben, da Dr. Jack Gibb diese Aufgabe bereits in bewundernswerter und objektiver Weise gelöst hat [14]). Er analysierte 106 Untersuchungen, darunter sieben frühere Forschungsberichte, und überprüfte 24 neuere Dissertationen zu diesem Thema, die an 13 verschiedenen Universitäten eingereicht wurden. Diese Entwicklung ist neu. Vor 1960 gab es an den Universitäten dieses Landes so gut wie niemanden, der sich für die intensive Gruppenerfahrung interessierte. Zwischen 1967 und 1969 wurden 14 Dissertationen über diesen Bereich verfaßt, und seither sind zahlreiche weitere in Arbeit.

Gibb weist darauf hin, daß die häufig getroffene Feststellung über die mangelnde Forschungsarbeit auf diesem Gebiet einfach nicht zutrifft. Er fand eine ganze Reihe von höchst qualifizierten Untersuchungen, die – verglichen mit Untersuchungen im Bereich der Psychologie – jedoch weniger durchdacht und in den Resultaten häufig widersprüchlich sind.

Ich möchte aus seinen Schlußfolgerungen einige Feststellungen zitieren und sie kurz von meinem Standpunkt aus kommentieren.

»Es liegen eindeutige Beweise dafür vor, daß intensive Gruppenerfahrungen therapeutische Wirkungen haben.«

Gibb kommt aufgrund der Ergebnisse zahlreicher Untersuchungen zu diesem Schluß, und ich glaube, das zu Beginn dieses Buches aufgeführte Material wird ihn bestätigen. Ich persönlich würde die Feststellung vorziehen, daß die Gruppe psychologisch wachstumsfördernde Wirkungen hat, um die Nebenbedeutungen eines Wortes wie »therapeutisch« zu vermeiden.

»Es zeigen sich Veränderungen der Sensitivität, der Fähigkeit, mit Gefühlen umzugehen, der Richtungsweisung von Motivationen, der Einstellungen zum Selbst, der Einstellungen zu anderen und der Interdependenz oder gegenseitigen Abhängigkeit.«

---
[14]) J. R. Gibb, *The Effects of Human Relations Training*, in dem von A. E. Bergin und S. L. Garfield edierten *Handbook of Psychotherapy and Behavior Change*, John Wiley & Sons, New York 1970, Kap. 22, S. 2114–76.

Diese Begriffe müssen in dem Sinne verstanden werden, in dem Gibb sie benutzt. Sensitivität impliziert größere Bewußtheit der eigenen Gefühle sowie der Gefühle und Vorstellungen anderer. Sensitivität ist auch Offenheit, Authentizität und Spontaneität.

»Die Fähigkeit, mit Gefühlen umzugehen«, bezieht sich in erster Linie auf die eigenen Gefühle und die Kongruenz zwischen Gefühlen und Verhalten.

»Richtungsweisung der Motivation« meint Konzepte wie Selbstverwirklichung, Selbstbestimmung und innere Lenkung.

»Einstellungen zum Selbst« heißt Selbstakzeptierung, Selbstschätzung, Kongruenz zwischen wahrgenommenem und idealem Ich und Vertrauen.

»Einstellungen gegenüber anderen« schließt Verminderung autoritären Verhaltens, größeres Akzeptieren anderer, geringere Betonung von Struktur und Kontrolle sowie stärkeren Nachdruck auf Beteiligung am Management ein.

»Interdependenz« bezieht sich auf interpersonale Kompetenz, auf Teamarbeit zur Problemlösung und auf das Ziel, ein gutes Gruppenmitglied zu werden.

Da dies alles gewöhnlich die großen Hoffnungen eines Gruppenleiters konstituiert, ist es außerordentlich interessant festzustellen, daß Veränderungen in dieser Richtung tatsächlich stattfinden. Die bisher besten Untersuchungen bestätigen es.

»Die Untersuchungsergebnisse bieten keinen Grund zu der Annahme, daß die Mitgliedschaft bei Gruppen in irgendeiner Weise einzuschränken ist.«

Einer der häufigsten Mythen in bezug auf Gruppen besagt, daß nur bestimmte Leute in Gruppen aufgenommen oder die Teilnehmer von Gruppen sorgfältig ausgesucht werden sollen. Das stimmt mit meiner Erfahrung absolut nicht überein. Auf diesbezügliche Fragen pflege ich zu antworten, daß eine sehr sorgfältige Auswahl getroffen und niemand zugelassen werden soll, der keine Person ist! Es freut mich, daß eine Analyse aller vorhandenen Untersuchungen diesen meinen Standpunkt bestätigt.

»Gruppen ohne Leiter sind als Trainingsgruppen wirksam.«

Zu diesem Punkt sind am *Western Behavioral Sciences Institute* in La Jolla eingehende Untersuchungen angestellt worden, die eindeutig bewiesen haben, daß der Gruppenprozeß in Gruppen mit Leitern und in Gruppen ohne Leiter ähnlich verläuft. Es ist meines Erachtens eine noch immer offene Frage, ob die Gruppe ohne Leiter *ebenso* wirksam ist wie die geleitete Gruppe, aber sie ist zumindest nützlich und wirksam. Diese Feststellung eröffnet den Weg zu einer weit größeren Gruppenpraxis. Ich bin der Auffassung, daß eine Gruppe ohne Leiter einer geleiteten Gruppe entschieden vorzuziehen ist, wenn der Gruppenleiter die am Ende des 3. Kapitels erwähnten negativen Merkmale aufweist.

»Um eine optimale Wirkung zu erzielen, muß das Gruppentraining der beruflichen, sozialen und familiären Umgebung der Person entsprechen.«

Diese Feststellung ist ein starkes Argument für die von Gibb als »eingebettete« Gruppe bezeichnete Gruppenzusammensetzung, bei der eine enge und beständige Beziehung zwischen den Gruppenmitgliedern besteht. Meine eigenen Erfahrungen bestätigen diesen Punkt. In enger Beziehung dazu steht die Schlußfolgerung:

»Wirksame Beratungsbeziehungen auf kontinuierlicher Basis sind zumindest ebenso wichtig wie der determinierende Einfluß innerhalb der Gruppensitzungen auf den Teilnehmer.«

In diesem Punkt haben viele Gruppenprogramme versagt. Eine dem Wesen der Gruppe und der jeweiligen Situation entsprechend fortlaufende, nachträgliche Beratung ist von größter Wichtigkeit, aber nur selten der Fall. Hier liegt auch einer meiner Haupteinwände gegen die sogenannten »Wachstums-Zentren« (»growth centers«), die häufig intensive Gruppenerfahrungen für eine Woche oder ein Wochenende, aber keine Möglichkeit einer nachträglichen Beratung bieten.

»Um optimal wirksame Erfahrungen zu erzielen, sollten die Gruppensitzungen kontinuierlich verlaufen.«

Auch dies bestätigt die Erfahrung vieler Gruppenleiter, daß man in zwanzig oder vierzig, über eine Woche oder ein Wochenende verteilten Stunden mehr erreicht, als wenn diese Stundenzahl durch eine Sitzung pro Woche auf mehrere Monate verteilt wird. Gibb weist auch darauf hin, daß die Gesamtzeit der Gruppe »länger sein sollte als üblich«, da die Untersuchungen zeigen, daß längere Gruppen eine größere Wirkung haben.

»Es gibt kaum einen Grund für die unter Laien weitverbreitete Besorgnis wegen der traumatischen Auswirkungen des Gruppentrainings.«

Es tut gut zu hören, daß dieses Gespenst zur Ruhe gekommen ist, denn nicht nur unter Laien, sondern häufig auch unter Psychologen und Psychiatern ohne Gruppenerfahrung geistern viele »Horrorgeschichten« über die entsetzlichen psychologischen Auswirkungen von Gruppen. Bei unserer Arbeit mit einer großen Schule, von der im nächsten Kapitel die Rede sein wird, gab es alle möglichen Gerüchte über Leute, die durch die Gruppenerfahrung so verstört waren, daß sie ihre Arbeit nicht wieder aufnehmen konnten. Als man diesen Gerüchten nachging, stellte sich heraus, daß sie fast ausschließlich von Leuten stammten, die selbst nie mit einer Gruppe in Berührung gekommen waren und nur das weitergaben, was sie von irgendwelchen »anderen« gehört hatten. Gibb berichtet von einer sehr sorgfältigen Untersuchung und Befragung von 1200 YMCA-Leitern, die an Gruppen teilgenommen hatten. Innerhalb der Organisation hatte sich das hartnäckige Gerücht verbreitet, daß es aufgrund der Gruppenerfahrung zu »ernsthaften psychologischen Störungen« gekommen sei. Es stellte sich schließlich heraus, daß nur vier von den 1200 Teilnehmern die Erfahrung negativ empfunden hatten. Als die Untersuchenden mit diesen vier Leuten sprachen, kamen drei von ihnen zu dem Schluß, daß es trotzdem eine nützliche Erfahrung gewesen sei. Nur einer (von 1200) blieb dabei, daß die Erfahrung für ihn negativ war, aber seine Arbeit führte er weiterhin mit Erfolg durch.

Diese Schlußfolgerung wird durch meine eigene Erfahrung bestätigt. Ich erkläre mir die immer wieder auftauchenden Gerüchte damit, daß viele Personen sich von der Möglichkeit einer Veränderung bedroht fühlen und ahnen, daß das Ergebnis einer Gruppenerfahrung in vielen Fällen eine *Veränderung* bedeutet. Wenn sie also hören, daß jemand in einer Gruppe geweint, eine schlaflose Nacht verbracht oder im Anschluß an die Erfahrung eine schwierige Periode seines Lebens durchgemacht hat, wie es bei Ellen (5. Kapitel) der Fall war, dann schließen sie daraus sofort, daß Gruppen schlecht und psychologisch destruktiv sein müssen. Auf diese Weise schützen sie sich selbst vor der Möglichkeit einer Veränderung.

Jeder an der intensiven Gruppenerfahrung Interessierte ist Dr. Gibb für seine umfassende, sorgfältige und vollständige Analyse aller im Bereich der Gruppenarbeit gemachten Untersuchungen zu größtem Dank verpflichtet, und ich empfehle jedem, der sich mit der Forschung auf diesem Gebiet befassen möchte, seinen Rat einzuholen.

Um dem Leser ein Gefühl für die sehr unterschiedlichen Arten von Forschung auf diesem Gebiet zu geben, möchte ich zwei Beispiele anführen, die Gibb aus verschiedenen Gründen nicht in seine Arbeit aufgenommen hat. Das erste ist eine streng empirische Untersuchung über das Wesen des Gruppenprozesses, ein Gebiet, das noch kaum erforscht worden ist. Das zweite ist nach professionellen Maßstäben eine weitaus »freiere« Untersuchung der Ergebnisse aus der Gruppenarbeit, die in erster Linie auf phänomenologischem Material beruht.

Der Prozeß der Encounter-Gruppe

Unter den wenigen Untersuchungen über das Wesen des Veränderungsprozesses in einer Encounter-Gruppe ist die von Meador wahrscheinlich die beste [15]). Sie basiert auf einer Gruppe, die sich an einem Wochenende zu fünf Sitzungen von insgesamt sechzehn Stunden traf. Alle Sitzungen wurden gefilmt [16]). Die Gruppe bestand aus acht Mitgliedern und zwei Gruppenleitern. Aus dem Filmmaterial wählte Meador (nach unparteiischen und vorher festgelegten Richtlinien) für jede Person zehn zweiminutige Segmente aus – jeweils eins aus der ersten und eins aus der zweiten Hälfte jeder Sitzung. Auf diese Weise erhielt die Gruppe von jeder Person zehn zweiminutige Tonfilmsegmente – insgesamt achtzig solcher Ausschnitte. Die zehn Segmente für jedes Individuum wurden willkürlich und nicht in der richtigen Reihenfolge zusammengefügt. Dreizehn Gutachtern, die weder etwas von der Gruppe wußten noch ahnten, aus welcher Phase welches Segment stammte, wurden die Ausschnitte anschließend vorgeführt.
Zur Einschätzung benutzten sie Rogers Prozeß-Skala [17]), eine siebenteilige Skala, die ein Kontinuum psychologischer Aktivität zwischen Rigidität und Stabilität von Gefühlen, Selbst-Kommunikation, Deutung von Erfahrung, Beziehungen zu Leuten, Beziehung zu eigenen Problemen, Veränderung und Spontaneität in diesen Bereichen darstellt. Nach einer Einweisung in den Gebrauch dieser Skala anhand von anderem Filmmaterial begannen die Gutachter die achtzig Segmente einzuschätzen, was nicht einfach war, da die Skala ursprünglich zur Beurteilung des Prozesses in der Einzeltherapie entwickelt worden war und die Gutachter sich in ihren Beurteilungen in keiner Weise sicher fühlten. Eine Analyse ihrer Schätzungen ergab jedoch ein zufriedenstellendes Maß an Zuverlässigkeit, das heißt, sie schätzten die Segmente in nahezu ähnlicher Weise ein.

---
[15]) Betty Meador, *An Analysis of Process Movement in a Basic Encounter Group*, unveröffentlichte Dissertation der United States International University, 1969.
[16]) Grundlage für den bereits erwähnten Film *Reise in das Selbst*.
[17]) C. R. Rogers und R. A. Rablen, *A Scale of Process in Psychotherapy*, unveröffentlichtes Manuskript, University of Wisconsin, 1958.

Die Tabelle auf Seite 128/129 bedeutet dem Leser kaum etwas, wenn er nicht über die Skala, nach der die Personen eingeschätzt wurden, Bescheid weiß. Deshalb sollen die verschiedenen Stufen des Prozesses hier kurz beschrieben werden.

Stufe eins. Kommunikation ist etwas Nebensächliches. Es besteht eine mangelnde Bereitschaft zur Selbst-Kommunikation. Gefühle und persönliche Bedeutungen werden weder erkannt noch als solche angeeignet. Die Konstrukte sind extrem rigid. Enge Beziehungen werden als gefährlich gedeutet.

Stufe zwei. Gefühle werden bisweilen *beschrieben*, aber als nicht angeeignete, vergangene Objekte, ohne Bezug zum Selbst. Das Individuum steht seiner subjektiven Erfahrung fern. Es kann widersprüchliche Feststellungen über sich selbst als Objekt treffen, ohne die Widersprüche zu bemerken. Zu Themen, die nicht das Selbst betreffen, drückt es sich etwas freier aus. Es erkennt gelegentlich, daß es Probleme oder Konflikte hat, die aber als außerhalb des Selbst wahrgenommen werden.

Einschätzung von 8 Personen nach der Prozeß-Skala über

Personen	Erste Sitzung		Zweite Sitzung	
	1. Hälfte	2. Hälfte	1. Hälfte	2. Hälfte
# 1	3.2	3.2	3.8	3.1
# 2	2.8	2.5	3.2	4.9
# 3	3.0	3.0	4.0	3.3
# 4	3.1	3.4	3.4	3.5
# 5	2.8	2.1	3.6	2.5
# 6	3.2	1.7	3.3	3.2
# 7	2.5	3.3	3.1	3.3
# 8	3.9	4.8	4.7	2.8
Mittel	3.1	3.0	3.6	3.3
Mittel jeder Sitzung	3.0		3.5	

Stufe drei. Es werden vielfach Gefühle und persönliche Bedeutungen *beschrieben*, die aber weiter zurückliegen und nicht hier und jetzt gegenwärtig sind. Diese zurückliegenden Gefühle werden häufig als schlecht und nicht akzeptabel dargestellt. Das *Erfahren* von Situationen wird meist in der Vergangenheitsform beschrieben. Der Ausdruck des Selbst als eines Objekts wird freier. Es kann über das Selbst als ein reflektiertes Objekt kommuniziert werden, das vorzugsweise bei anderen existiert. Persönliche Konstrukte werden bisweilen als Konstrukte gesehen und ihr Wert in Zweifel gezogen. Die Erkenntnis beginnt sich durchzusetzen, daß Probleme eher innerhalb der Person liegen als außerhalb von ihr.

Stufe vier. Gefühle und persönliche Bedeutungen werden frei beschrieben als gegenwärtige Objekte, die dem Selbst zugehören. Intensive Gefühle werden immer noch als nicht gegenwärtig beschrieben. Vage wird erkannt, daß vor dem Bewußtsein geleugnete Gefühle in der Gegenwart durchbrechen können, aber diese Möglichkeit erschreckt. Unwillig und ängstlich wird zugegeben, daß man Dinge *erfährt*. Widersprüche bei Erfahrungen werden deutlich erkannt und bereiten Sorgen. Persönliche Konstrukte beginnen sich zu lockern. Gelegentlich wird festgestellt, daß Erfahrung *so gedeutet* wurde, als habe sie eine bestimmte Bedeutung, daß aber diese Bedeutung weder absolut noch der Erfahrung innewohnend ist. Mitunter wird Selbst-

fünf Sitzungen mit insgesamt 16 Stunden. Nach Meador.

Dritte Sitzung		Vierte Sitzung		Fünfte Sitzung	
1. Hälfte	2. Hälfte	1. Hälfte	2. Hälfte	1. Hälfte	2. Hälfte
4.2	3.7	5.6	4.4	4.7	4.5
2.7	3.8	3.8	3.8	4.8	4.4
4.2	4.2	4.9	4.5	4.6	5.6
3.8	3.8	4.6	3.5	2.6	3.8
3.4	3.8	4.2	3.7	3.8	4.0
3.1	3.1	5.7	4.7	5.2	4.3
3.2	2.6	4.5	4.1	4.0	4.4
4.4	4.2	4.4	5.3	6.0	5.1
3.6	3.7	4.7	4.2	4.5	4.5
3.6		4.5		4.5	

verantwortlichkeit für Probleme ausgedrückt. Das Individuum ist manchmal bereit, das Risiko einzugehen, auf einer gefühlsmäßigen Basis in Beziehung zu anderen zu treten.

Stufe fünf. Viele Gefühle werden im Augenblick ihres Auftretens frei ausgedrückt und auf diese Weise in der unmittelbaren Gegenwart erfahren. Diese Gefühle werden angeeignet oder akzeptiert. Zuvor geleugnete Gefühle dringen jetzt ins Bewußtsein, aber das Individuum hat Angst davor, daß dies geschieht. Es wird teilweise erkannt, daß unmittelbares Erfahren ein möglicher Wegweiser für das Individuum ist. Widersprüche werden erkannt und angezeigt durch Bemerkungen wie: »Mein Verstand sagt mir, daß es so ist, aber *ich* glaube das irgendwie nicht.« Es taucht der Wunsch auf, »mein wahres Selbst« zu sein, gleichzeitig wird die Gültigkeit vieler persönlicher Konstrukte in Frage gestellt. Das Individuum spürt, daß es für die in ihm existierenden Probleme eine bestimmte Verantwortung hat.

Stufe sechs. Zuvor geleugnete Gefühle werden jetzt unmittelbar erfahren und *akzeptiert*. Derartige Gefühle müssen nun nicht mehr geleugnet, gefürchtet oder bekämpft werden. Diese Erfahrung ist für das Individuum häufig dramatisch und befreiend.

Es wird jetzt voll und ganz akzeptiert, daß Erfahrung ein eindeutiger und nützlicher Wegweiser zu den latenten Bedeutungen des Individuums mit sich selbst und mit dem Leben ist. Außerdem wird erkannt, daß das Selbst jetzt zu diesem Erfahrungsprozeß wird. Das Selbst wird kaum mehr als Objekt gesehen. Das Individuum fühlt sich häufig ein wenig »unsicher«, wenn es seine soliden Konstrukte als Deutungen erkennt, die sich in ihm niederlassen. Das Individuum geht das Wagnis ein, in Beziehung zu anderen es selbst zu sein und darauf zu vertrauen, daß eine andere Person es als das akzeptiert, was es ist.

Ergebnisse

Die Ergebnisse der Untersuchung von Meador anhand der kurz beschriebenen Skala waren überwältigend. Alle acht Gruppenmitglieder zeigten größere Flexibilität und Ausdrucksfreudigkeit. Sie kamen ihren Gefühlen näher, begannen ihre Gefühle unmittelbar auszudrükken und zeigten größere Bereitschaft zu Beziehungen auf einer gefühlsmäßigen Basis, alles Merkmale, die die Gruppe anfänglich nicht aufgewiesen hatte. Meador schreibt in einem kurzen Artikel zu dieser Untersuchung: »Es ist eindeutig, daß diese Personen, die einander anfänglich völlig fremd waren, zu einer Ebene der gegenseitigen Beziehungen gelangten, die für das Alltagsleben nicht charakteristisch ist.« Diese Untersuchung vermittelt uns ein klares Bild von mindestens einer Facette des Gruppenprozesses.

Eine phänomenologische Untersuchung der Folgen

Vor einigen Jahren hatte ich aufgrund der zahlreichen Gerüchte über die psychologischen Schädigungen durch Gruppen das Gefühl, es sei von Berufs wegen meine Aufgabe, diesen Gerüchten nachzugehen. Ich begann mit einer systematischen Befragung von mehr als fünfhundert Personen, ehemaligen Teilnehmern an den von mir geleiteten Gruppen oder an größeren Workshops, für die ich die Verantwortung getragen hatte. Ich verschickte Fragebogen, auf die 481 (82 %) der Angeschriebenen antworteten. Einige der verbliebenen 18 % machte ich ausfindig und stellte fest, daß zwischen ihnen und denen, die geantwortet hatten, kein wesentlicher Unterschied bestand. Die meisten dieser Personen wurden zwischen drei und sechs Monaten nach ihrer Erfahrung in einer Encounter-Gruppe befragt. Zwei fanden, daß die Erfahrung höchst negativ gewesen war und ihr Verhalten in einer ihnen unliebsamen Weise verändert hatte. Eine geringe Anzahl der Befragten meinte, die Erfahrung sei ziemlich wirkungslos gewesen oder habe keine wahrnehmbare Veränderung ihres Verhaltens herbeigeführt. Eine ebenfalls geringfügige Anzahl fand, sie habe ihr Verhalten geändert, diese Veränderung sei aber nicht von großer Dauer gewesen. Die überwältigende Mehrheit war der Ansicht, die Erfahrung habe zu konstruktiven Resultaten geführt; sie bezeichneten die Erfahrung als sehr positiv und erklärten, ihr Verhalten verändere sich seither fortlaufend in positiver Richtung.

Ich glaube, diese Fragebogenaktion wird an Bedeutung gewinnen, wenn ich die detaillierten Resultate und die persönlichen Feststellungen aus einer der befragten Gruppen wiedergebe. Die Gruppensitzungen fanden in einem Sommer-Workshop statt und dauerten fünf Tage. 110 Personen nahmen daran teil, darunter 50 Schulberater; die übrigen Gruppenteilnehmer waren entweder Lehrer oder Eltern.

Dieser Workshop wies einige ungewöhnliche Merkmale auf. Da eine Anzahl von Teilnehmern vormittags an Schulungskursen teilnahmen, fing der Workshop mit einem Mittagessen an, dem eine einstündige allgemeine Sitzung folgte. Die einzelnen Encounter-Gruppen begannen nachmittags und setzten sich bis zum Abend und bisweilen über Mitternacht hinaus fort. Wer nicht an Schulungskursen teilnahm, hatte vormittags Gelegenheit, sich Filme oder Tonbänder von Beratungs-Interviews anzusehen oder anzuhören.

Da der Morgen für die Gruppenleiter frei war, konnte jeden Vormittag eine zweistündige Encounter-Gruppe für alle Mitarbeiter abgehalten werden. Am Mittwoch (der Workshop begann am Montag) waren alle Mitarbeiter mutig genug, sich nicht nur vormittags unter sich zu treffen, sondern ihre Gruppe im großen Gemeinschaftssaal und in Anwesenheit der 110 Teilnehmer fortzusetzen. Die Gruppenleiter äußerten beträchtliche Befürchtungen hinsichtlich dieser Maßnahme, aber für die Teilnehmer war es eine nützliche Erfahrung.

Und nun wollen wir sehen, wie die Teilnehmer ihre Workshop-Erfahrung mehrere Monate später beurteilten. Die rein zahlenmäßigen Ergebnisse werden zuerst aufgeführt, aber die nachfolgenden frei ausgedrückten Feststellungen scheinen mir persönlich weit interessanter und belehrender. Jedem Teilnehmer wurde ein vollständiger Bericht über die Ergebnisse zugesandt.

Nachträglicher Fragebogen

Benutzen Sie diese Seite, um sich frei über die Bedeutung zu äußern, die der *gesamte* Workshop für Sie hatte. Bitte schreiben Sie so offen wie möglich und soviel oder sowenig Sie wollen.

(Der Rest der ersten Seite blieb frei für die Kommentare und Reaktionen der Teilnehmer.)

Fragen

1. Der Einfluß, den die *gesamte* Workshop-Erfahrung auf mich und mein Verhalten hatte, ließe sich durch folgende Feststellung beschreiben (Zutreffendes bitte ankreuzen):

   (a)   2   Sie hat mein Verhalten in für mich unliebsamer Weise verändert.
   (b) 17   Sie führte zu keinen wahrnehmbaren Veränderungen.
   (c)   1   Mein Verhalten änderte sich für kurze Zeit, aber diese Veränderung ist mittlerweile wieder vergangen.
   (d) 34   Sie führte zu einer beträchtlichen zeitweisen Differenz meines Verhaltens, von der immer noch einiges vorhanden ist (22 positiv, 0 negativ).

(e)		Ich verhalte mich anders gegenüber:	positiv	negativ
	34	meinem Ehepartner, und diese Veränderung scheint	31	3
	40	meinen Kindern, und diese Veränderung scheint	33	7
	24	meinen Eltern, und diese Veränderung scheint	23	1
	49	meinen Freunden, und diese Veränderung scheint	47	1
	62	meinen Mitarbeitern, und diese Veränderung scheint	58	1
	47	meinen Vorgesetzten, und diese Veränderung scheint	44	2
	34	meinen Untergebenen, und diese Veränderung scheint	34	0

2. Die Wirkung, die die Erfahrung einer *kleinen* Gruppe auf mich hatte, war:
- (a)   4   sehr schädlich, *enttäuschend* (3) oder *ärgerlich* (1),
- (b)   1   eher nutzlos als nützlich,
- (c)   5   neutral oder kaum anders,
- (d) 21   eher nützlich als nutzlos,
- (e) 38   konstruktiv in ihren Ergebnissen,
- (f) 52   eine sehr bedeutungsvolle, positive Erfahrung,
- (g)   2   so verwirrend für mich, daß ich keine Angaben machen kann.

3. Die Auswirkungen der *allgemeinen Sitzungen allein* waren auf mich
- (a)   0   schädlich, verwirrend, ärgerlich, langweilig oder sonstwie negativ,
- (b)   4   neutral, uninteressant, geringfügig,
- (c) 16   relativ nützlich,
- (d) 50   konstruktiv, definitiv nützlich,
- (e) 23   eine sehr wichtige, positive Erfahrung.

4. Der Einfluß des Workshops auf die Bewußtheit meiner *eigenen Gefühle* und der Gefühle anderer (alles Zutreffende anstreichen):
- (a) 29   Ich bin meinen eigenen Gefühlen gegenüber sensitiver geworden und nehme die Gefühle anderer eher wahr; das war für mich eine völlig neue Erfahrung.
- (b) 52   Da ich mir meiner eigenen Gefühle bewußter geworden war, konnte ich meine positiven (9), negativen (4), positiven wie negativen (39) Gefühle anderen offener mitteilen.
- (c) 39   Ich war mir meiner Gefühle schon vorher bewußt, aber nicht in diesem großen Umfang.
- (d) 16   In diesem Bereich hat sich nichts verändert.
- (e)   0   Ich bin mir meiner Gefühle bewußter geworden, aber das bedaure ich sehr.

Anmerkungen

Im Folgenden gebe ich einige Reaktionen auf den Fragebogen wieder, die auf die verschiedenen Aspekte der Workshop-Erfahrung Bezug nehmen.

»Bewußtseinsstrom.«

Die meisten Leute reagierten vorwiegend positiv:

»Dies war eine der wichtigsten Erfahrungen, die ich je gemacht habe. Meine Gefühle in bezug auf Dinge und Leute sind seither eher ›aus einem Guß‹. Ich glaube, am besten läßt sich das ausdrücken, wenn ich sage, daß ich mich ›befreit‹ fühle. Mein Leben ist viel reicher geworden, seit meine Sensitivität, meine Erfahrung und meine Wahrnehmung der Erfahrung anderer gewachsen sind.«

»Ich kann die Erfahrung, die ich während des Workshops machte, immer noch nicht ganz fassen. Ich sehe mich in einer völlig neuen Perspektive. Vorher war ich, was persönliche Beziehungen betrifft, eine annehmbare, aber sehr kühle Person. Die Menschen kamen auf mich zu, aber ich hatte Angst, sie an mich herankommen zu lassen, da ich mich bedroht fühlte und fürchtete, etwas von mir selbst hergeben zu müssen. Seit der Workshop-Erfahrung habe ich keine Angst mehr, ein Mensch zu sein. Ich drücke mich ziemlich offen aus, man hat mich gern, und ich kann andere lieben. Ich habe gelernt, meine Emotionen als Teil meiner selbst zu akzeptieren und zu mögen.«

Für einige Leute war die Erfahrung nicht ganz so positiv:

»Im großen und ganzen hat mich der Workshop ziemlich enttäuscht. Ich hatte mit einer weitaus sorgfältigeren Auswahl der Teilnehmer gerechnet. Da dies nicht der Fall war, nutzten mir die Encounter-Gruppen nichts. Für mich hatte das alles zuviel ›Lagerfeuer-Atmosphäre‹, und mir fehlte es an Sachlichkeit.«

Frage 1. *Der Einfluß, den die gesamte Workshop-Erfahrung auf mich und mein Verhalten hatte.* (Wie der Leser der Fragebogenauswertung entnehmen konnte, erklärten viele Teilnehmer, daß sich ihr Verhalten als Folge des Workshops verändert hat, besonders in der Beziehung zu anderen. Hier einige Anmerkungen.)

»Ich bin den Problemen meiner Schüler gegenüber offener und entnehme ihren Stimmen eher, ob sie mir etwas sagen wollen oder nicht. Meinen Freunden, Kollegen und Schülern fällt es sichtlich leichter, mir zu sagen, was sie empfinden. Bei einer Auseinandersetzung mit meinem Mann gelang es mir, eine Atmosphäre zu schaffen, die es ihm ermöglichte, seine Gefühle frei auszudrücken, und das hat mich am meisten gefreut.«

»Ich erwartete mir von der Workshop-Erfahrung eine neue und bessere Beziehung zu meiner Frau sowie mehr Toleranz und Verständnis auf meiner Seite für unsere Unterschiedlichkeiten (Werte, Interessen usw.). Ich glaube, das ist eingetroffen. Sie sagt, sie habe eine Veränderung in unserer Beziehung bemerkt, aber ich fürchte, daß ich allmählich wieder in meine alten Gewohnheiten zurückfalle, wenn auch nicht so tief wie zuvor.«

»Ich bin sicher, daß sich meine Ansichten über Leute, mit denen ich zusammenarbeite, geändert haben, und ich glaube, ich gehe auftauchende Probleme bei meiner Arbeit wenn nicht kreativer, dann doch zumindest anders an als früher.«

Frage 2. *Die Wirkung, die die kleine Gruppe auf mich hatte.* (Die überwältigende Mehrheit aller Teilnehmer war der Ansicht, daß es eine sehr bedeutungsvolle, positive und in ihren Auswirkungen konstruktive Erfahrung war.)

»Für mich war diese Erfahrung so etwas wie eine zweite Geburt. Sie brachte neues Leben in ein Leben, das in Mittelmäßigkeit zu ersticken drohte. Ich kann heute Dinge tun, die ich früher nicht einmal in Erwägung gezogen habe.«
»Teilweise war es sehr schmerzlich, aber das zwang mich dazu, mich selbst ehrlicher zu sehen, und der spontane Ausdruck von Gefühlen gab mir eine bislang nicht gekannte Art von Freiheit.«
»Ich verstehe mich selbst und meine Beziehung zu anderen seither viel besser.«

Andere Reaktionen waren nicht ganz so positiv:

»Mir schien, daß wir in der langen Zeit nur wenig erreicht haben. Ich glaube, wenn wir mehr Zeit gehabt hätten, wäre es eine sehr wichtige Erfahrung gewesen.«
»Ich glaube, ich habe in der Gruppe einige gute Freunde gefunden. Ich bin aber nicht sicher, ob die anderen mein Denken, meine Einstellung oder das, was ich als Person bin, so ganz verstanden haben.«

Eine Person beschreibt die Erfahrung so:

»Absolute Enttäuschung, keinerlei Organisation, keine Instruktionen. Alles in allem eine unerfreuliche Erfahrung ohne jede Anregung.«

Und eine andere schreibt:

»Meine Erfahrung mit der Gruppe war sehr enttäuschend, da wir nie an den Punkt kamen, wo wir Interesse füreinander zeigen konnten. Zwei Mitglieder hatte ich besonders gern, aber im Grunde fühlte ich mich in der Gruppe nie wohl. Ich langweilte mich, wurde unruhig und ermüdete schnell. Außerdem hatte ich Heimweh nach meiner Familie und fragte mich immer wieder, weshalb ich eigentlich gekommen war.«

Frage 3. *Die Auswirkungen der allgemeinen Sitzungen allein.* (Wieder ist die Mehrzahl der Reaktionen positiv und nur in wenigen Fällen negativ.)

»Meiner Ansicht nach waren die allgemeinen Sitzungen das Beste am ganzen Workshop.«
»Ich habe festgestellt, daß die allgemeinen Sitzungen wenig Bedeutung für mich hatten. Die Filme klärten einiges auf und trugen zu meinem Verständnis für die verschiedenen therapeutischen Ansätze bei, aber an den Inhalt der längeren Sitzungen kann ich mich kaum noch erinnern.«
»Die Gruppensitzungen der Mitarbeiter beeindruckten mich sehr, da die meisten Gruppenleiter tatsächlich praktizierten, was sie predigten.«

Frage 4. *Der Einfluß des Workshops auf die Bewußtheit meiner eigenen Gefühle und der Gefühle anderer.* (Sehr viele Teilnehmer reagierten positiv.)

»Seit der Workshop-Erfahrung habe ich auffallende Veränderungen in verschiedenen Bereichen meiner Beziehungen zu anderen festgestellt. Ich glaube, das wichtigste ist, daß sich mein Vertrauen zu mir selbst und zu meinen innersten Überzeugungen gefestigt hat. Seit ich wieder unterrichte, stelle ich zu meiner großen Freude fest, daß ich viel mehr Mut aufbringe, wenn es darum geht, meinen Überzeugungen entsprechend zu leben und zu handeln.«
»Einige der Probleme, mit denen ich in den Workshop kam, beschäftigen mich noch immer, aber meine Einstellung ihnen gegenüber ist eine andere geworden. Ich habe jetzt das Gefühl, daß ich mit ihnen fertig werden kann. Andere Probleme haben sich fast gänzlich gelegt – zumindest sind die Symptome verschwunden. Im Augenblick ist für mich das wichtigste, daß ich das Gefühl habe, mich zu bewegen – und zwar in der richtigen Richtung.«
»Es war, glaube ich, die lohnendste Erfahrung meines Lebens. Seit

dem Workshop sind meine interpersonalen Beziehungen echter und sinnvoller geworden, und ich habe mir selbst gegenüber eine weit positivere Einstellung gefunden.«

Einige Reaktionen waren gemischt:

»Heute bin ich über die Ergebnisse dieser fünf Tage sehr glücklich, aber das war ich nicht immer. Es gab Zeiten, in denen ich dachte, ich würde mich nie wieder erholen. In den ersten Tagen nach dem Workshop waren meine Angst und mein Leid größer als je zuvor. Ich kam mir völlig nackt vor und mußte immer wieder an das denken, was ich nun über mich wußte oder was mir langsam bewußt wurde. Das beschäftigt mich auch heute noch sehr stark.«

»Im Verlauf der Sitzungen kam es mir vor, als würde ich etwas lernen. Es war, als lernte ich, die wahren Gefühle der Gruppenmitglieder zu ›riechen‹. Nie im Leben habe ich ein Gefühl so gern gehabt. Es machte mir nichts mehr aus, wenn jemand wütend auf mich wurde, solange ich merkte, daß dieses Gefühl echt war – irgendwie fand ich die Wut dann sogar befriedigend. Dagegen haßte ich die Person, die meine Gefühle objektiv analysierte wie ein Berater, der seine Arbeit tut, ohne etwas von den Dingen zu fühlen, die ich fühlte.«

Einige Leute reagierten ganz anders:

»Ich habe schon an anderen Workshops dieser Art teilgenommen und weder in diesem noch in den anderen irgendwelche Veränderungen bei mir festgestellt. Die meiste Zeit wartete ich auf etwas und versuchte den anderen in der Gruppe zu helfen, den Sinn der Veranstaltung zu begreifen und etwas zu tun.«

Mein eigener Kommentar

Meiner Denkweise entspricht diese persönliche, phänomenologische Art der Untersuchung weit mehr als der traditionelle empirische Ansatz. Psychologen tun Untersuchungen dieser Art häufig als »reine Selbstdarstellungen« ab, obwohl sie den besten Einblick in das gewähren, was die Erfahrung den Teilnehmern bedeutet hat, und das erscheint mir weitaus wertvoller als die Erkenntnis, daß die Teilnehmer, verglichen mit einer Kontrollgruppe von Nichtteilnehmern, einen signifikanten Unterschied von 0.05 aufweisen oder nicht aufweisen. Ich glaube, daß diese naturalistische Art der Untersuchung durchaus der fruchtbarste Weg zu mehr Wissen über diese subtilen und unbekannten Bereiche sein kann.

Schluß

Sicherlich haben diese Untersuchungen, auch wenn sie in Form und Umfang längst nicht allen Anforderungen entsprechen, erheblich dazu beigetragen, die weitverbreiteten Mythen über Encounter-Gruppen abzubauen, und diese Tatsache bestätigt, daß sie zu konstruktiven Veränderungen führen können.

8.
Anwendungsbereiche

In den vorhergehenden Kapiteln wurden Prozeß und Ergebnis von Encounter- und ähnlichen Gruppen behandelt. Vieles von dem, was darin beschrieben wurde, impliziert die Vorstellung, daß die Encounter-Gruppe in einer ganzen Reihe von Situationen Anwendung finden kann. Es scheint an der Zeit, dies einmal deutlicher auszusprechen. Ich werde kurz einige Bereiche des modernen Lebens aufzählen, in denen die intensive Gruppenerfahrung Möglichkeiten für eine konstruktive Anwendung zu bieten scheint. In den meisten Fällen wurden diese Möglichkeiten bereits ausprobiert. Anschließend werde ich ausführlicher auf einen Bereich eingehen, den ich persönlich am besten kenne, nämlich auf den Bereich pädagogischer Institutionen.

Industrie

Die Encounter-Gruppe oder die an Aufgaben orientierte Gruppe findet in der Industrie vielfältige Verwendung, so beispielsweise bei der Auseinandersetzung mit den psychologischen Problemen, die bei Firmenzusammenlegungen auftauchen. TRW Systems Inc. (eine große Aktiengesellschaft, die kompliziertes Raumfahrtzubehör herstellt) versuchte auf folgende Weise die Probleme einer Fusion zu lösen.

Ausgebildete Interviewer befragten zunächst alle leitenden Angestellten beider Firmen nach ihren Sorgen und Einwänden in bezug auf die bevorstehende Fusion. Man kann sich unschwer vorstellen, welche Vielfalt von Befürchtungen dabei zutage traten. In der Firma, die in die AG aufgenommen werden sollte, tauchten fast immer wieder die Fragen auf: »Werde ich meine Stellung verlieren?« – »Werden sie uns alle Forschungsmittel streichen?« – »Werden wir wirklich die Möglichkeit haben, selbständig zu arbeiten, oder geraten wir voll und ganz unter die Aufsicht der Mutterfirma?« – »Ich habe gehört, daß der Präsident der AG in der Zusammenarbeit sehr schwierig sein soll. Wie werden wir damit fertig werden?« Auf seiten der Mutterfirma sahen die Probleme anders aus. »Da die Firma nicht sonderlich gut gelaufen ist, frage ich mich, ob die Mitarbeiter gut oder schlecht sind.« – »Ob sie bereit sind, Vorschläge anzunehmen, oder werden sie sich einfach weigern und rebellieren?« – »Werden wir alle Mitarbeiter dieser Firma beschäftigen können, oder wird es notwendig sein, einige zu entlassen?«

Nachdem die verschiedenen Befürchtungen auf beiden Seiten ausgesprochen worden waren, brachte der Gruppenleiter beide Gruppen zusammen und schrieb die geäußerten Fragen an eine große Tafel. Nach und nach wurden die wirklich wichtigen Probleme immer offener diskutiert, und beide Seiten begannen Vertrauen zueinander zu fassen. Das führte sehr bald zu besserer Kommunikation und zum Schwinden irrationaler Ängste, bis schließlich nur noch die rationalen Probleme übrigblieben, für die sich vernünftige und befriedigende Lösungen finden lassen würden.

Eine weitere Anwendung in der Industrie findet die Intensiv-Gruppe in der sogenannten organisatorischen Entwicklung, die sich nicht sonderlich von der persönlichen Entwicklung unterscheidet und das Ziel der meisten Encounter-Gruppen ist. Sie konzentriert sich jedoch ebenso auf das Wohlergehen der Organisation wie auf das Wohl und die Entfaltung des Individuums. Die *National Training Laboratories* haben für organisatorische Entwicklungsprojekte folgende Ziele aufgestellt:

1. Schaffung eines offenen, problemlösenden Klimas innerhalb der Organisation.
2. Ergänzung der auf Rolle und Status basierenden Autorität durch Autorität aufgrund von Wissen und Können.
3. Lokalisierung der die Entscheidungen treffenden und die Probleme lösenden Verantwortlichkeiten in größtmöglicher Nähe zu den Informationsquellen.
4. Schaffung von Vertrauen unter Individuen und Gruppen innerhalb der gesamten Organisation.
5. Anpassung des Leistungswettbewerbs an die Arbeitsziele und Verstärkung der gemeinsamen Anstrengungen.
6. Entwicklung eines Belohnungssystems, das sowohl die Leistung der Organisation hinsichtlich ihrer Ziele (Profit) als auch ihre Entwicklung (Wachsen der Personen) berücksichtigt.
7. Steigerung des Gefühls für »Eigentumsrechte« innerhalb der Organisation.
8. Unterstützung der Manager, damit sie so handeln, wie es relevanten Zielen entspricht und nicht entsprechend »früherer Praktiken« oder Ziele, die im eigenen Verantwortungsbereich sinnlos erscheinen.

9. Steigerung der Selbstkontrolle und Selbstlenkung der Personen innerhalb der Organisation [18]).

Wer in erster Linie an der Industrie interessiert ist und gern mehr über die Anwendung von Encounter-Gruppen und intensiver Gruppenerfahrung im industriellen Bereich wissen möchte, dem empfehlen die NTL eine ganze Reihe von Publikationen [19]).

Kirchen

Religiöse Institutionen haben die Encounter-Gruppen sehr früh in ihre Programme aufgenommen. Diese Gruppen finden weitverbreitete Anwendung in Seminaren, unter Priestern und Angehörigen katholischer Ordensgemeinschaften und den Gemeindemitgliedern der jeweiligen Kirchen.

Allgemein wird in religiösen Institutionen in erster Linie die Absicht verfolgt, ein Gefühl für Gemeinschaft zu entwickeln, wie es in den heutigen Kirchen vielfach fehlt, und die Kommunikation zwischen Priestern und Gemeinden sowie zwischen älteren und jüngeren Gemeindemitgliedern zu verbessern.

Regierung

Bislang sind Encounter-Gruppen meines Wissens im staatlichen Bereich kaum oder nur selten abgehalten worden, mit Ausnahme des State Departements, das aus diesem Wege mit großem Erfolg versucht hat, die Kommunikation unter den Mitarbeitern zu verbessern und die Möglichkeit der Kommunikation zwischen Botschaftern, Botschaftsangehörigen und Einwohnern des Gastlandes zu vergrößern. Leider ist dieses Projekt wieder fallengelassen worden.

Encounter-Gruppen gab es auch in verschiedenen Regierungsabteilungen mit wichtigen Staatsbeamten. Hier war das Ziel ähnlich dem

---

[18]) *News and Reports* from NTL Institute for Applied Behavioral Science, Vol. 2, Nr. 3, Juni 1968.
[19]) Richard Beckhard, »An Organization Improvement Program in a Decentralized Organization«, in: *Journal of Applied Behavioral Science*, Vol. 2, Nr. 1, 1966; W. G. Bennis, *Changing Organizations*, McGraw-Hill Book Company, New York 1966; Sheldon A. Davis, »An Organic Problem-Solving Method of Organizational Change«, in: *Journal of Applied Behavioral Science*, Vol. 3, Nr. 1, 1967; A. J. Marrow, D. G. Bowers und C. E. Seashore, *Management by Participation*, Harper & Row, New York 1967; E. H. Schein und W. G. Bennis, *Personnel and Organizational Change Through Group Methods*, The Laboratory Approach, John Wiley & Sons, New York 1965.

der Entwicklung von Organisationen: die Teilnehmer sollten zu einer freieren, weniger autoritären und kommunikativeren Art administrativer Leitung gelangen.

Rassenbeziehungen

Die Encounter-Gruppe ist ohne jeden Zweifel ein Mittel zur Handhabung interpersonaler und intergruppaler Spannungen. Ich glaube, man kann folgende Behauptung aufstellen: Wenn zwei Gruppen von Personen bereit sind, sich im gleichen Raum zu treffen und zueinander (nicht unbedingt miteinander) zu sprechen, dann hat eine Encounter-Gruppe die Gelegenheit und die Möglichkeit, die Spannungen zwischen ihnen abzubauen. Encounter-Gruppen sind zwar noch nicht sehr häufig zur Verbesserung der Beziehungen zwischen Schwarz und Weiß oder Braun und Weiß eingesetzt worden, aber es gibt ermutigende Entwicklungen in dieser Richtung, die erkennen lassen, daß ihr Einsatz in diesem Bereich sehr vielversprechend sein könnte. Die ersten Gefühle, die in solchen Gruppen zutage treten, sind unglaublich tiefe Enttäuschung und Verbitterung seitens der Minoritäten. Erst wenn diese Gefühle ausgesprochen und durch den Gruppenleiter und später von anderen Gruppenmitgliedern akzeptiert worden sind, ist der Weg zu tieferem Verständnis frei.

Es muß deutlich gesagt werden, daß die Encounter-Gruppe nicht nur ein Mittel ist, um Spannungen zu dämpfen, damit die Situation ruhiger wird. Ein solches Ergebnis könnte auf lange Sicht mehr schaden als nutzen. Das bessere und tiefere gegenseitige Verstehen, das ich in derartigen Gruppen häufig habe wachsen sehen, kulminiert oft in aktiven Schritten, mit denen alle Betroffenen einverstanden waren und die eine Grundlage für konstruktive, gemeinsame Aktionen zur Beseitigung der schlimmsten Hindernisse darstellen, die einem gleichberechtigten Nebeneinander der verschiedenen Rassen im Wege stehen. Statt einiger weniger Gruppen dieser Art sollte es meiner Ansicht nach Hunderte von Gruppen geben, in denen sich alle unsere Minoritäten – die schwarzen, braunen, roten und gelben – mit Angehörigen des Establishments, Polizisten, normalen Bürgern, Regierungsvertretern und Verwaltungsbeamten zusammensetzen.

In diesem Bereich wäre eine Anwendung des Prinzips der Encounter-Gruppe außerordentlich vielversprechend, aber leider ist in dieser Richtung bislang nicht viel getan worden. Das liegt zum Teil sicher an der Schwierigkeit, ein solches Unternehmen zu finanzieren, zum Teil aber auch an der Angst, die Individuen vor der Begegnung mit anderen Personen haben, deren Einstellungen und Gefühle so ganz anders sind als ihre eigenen.

Internationale Spannungen

Hierzu kann ich nur sehr wenig sagen, da mir kein Versuch bekannt ist, bei dem das Verfahren der Encounter-Gruppe auf internationaler Ebene angewandt worden wäre. Das Experiment des State Departements kommt dem noch am nächsten. Ich möchte aber trotzdem eine Überlegung anstellen. Wir alle kennen nur zu gut das Bild einer Begegnung zwischen zwei diplomatischen Abordnungen. Beide sind verpflichtet, ihren Instruktionen zu folgen; für individuelle Freiheit des Ausdrucks ist wenig Spielraum. Wenn jede Regierung zusätzlich zu der diplomatischen Delegation mehrere Bürger ihres Landes von ähnlichem Kaliber beauftragen würde, die nicht an irgendeine Parteilinie gebunden sind, dann könnten sich diese beiden inoffiziellen Gruppen als Personen und nicht als Repräsentanten bestimmter Auffassungen begegnen. Als *Personen* könnten sie ihre Differenzen, ihre gegenseitige Verbitterung, ihren Ärger, ihre Angst und ihre Probleme erforschen – all das, was zwei nationale Gruppen voneinander trennt. Nach unseren Erfahrungen in anderen Bereichen würde sich bald auf beiden Seiten wachsende Einsicht und tieferes Verständnis für die Standpunkte des anderen einstellen. Ideal wäre es, wenn der Leiter einer solchen Gruppe keinem der beiden Länder angehörte.

Wenn anschließend die Ansichten der inoffiziellen Gruppe der offiziellen Delegation mitgeteilt würden, könnte dies einen neuen Weg zu realistischen Verhandlungen auf offizieller Ebene eröffnen. Die inoffiziellen Gruppen würden sich als Personen treffen, nicht als Delegierte, und als Personen würden sie versuchen, miteinander zu kommunizieren und einander allmählich zu verstehen.

Familien

In den früheren Kapiteln ist, glaube ich, bereits zur Genüge gezeigt worden, daß Encounter-Gruppen viele eheliche Spannungen abbauen oder verhindern können. Die unterschiedlichen Einstellungen und Wertvorstellungen Verlobter können ans Licht gebracht, erforscht und entweder in Einklang gebracht oder von beiden Seiten als Grund für eine Lösung der Beziehung anerkannt werden. Wenn die Spannungen zwischen Eheleuten ausgesprochen werden könnten, ehe sie unterdrückt und zu negativen, bewertenden Einstellungen werden, dann wären die Aussichten auf eheliche Harmonie weit größer. In Familiengruppen könnte die Kommunikation zwischen Eltern und Kindern mit Hilfe eines Gruppenleiters verbessert werden, der imstande ist, beide Altersgruppen zu verstehen und das Verständnis beider Gruppen füreinander zu wecken. Dieses Verständnis könnte auch über die Familien hinausreichen, so daß Kinder, die nicht mit ihren eigenen Eltern kommunizieren können, dies wenigstens mit anderen Eltern aus der Gruppe tun könnten. Das gleiche träfe umgekehrt für die Eltern zu.

Generationskluft

In enger Verbindung damit steht das Bedürfnis nach Encounter-Gruppen zur Überbrückung der sogenannten Generationskluft. In Gruppen mit großen Altersunterschieden wurde festgestellt, daß diese Unterschiede bedeutungslos werden, sobald der Prozeß einmal in Gang gekommen ist. Ich erinnere mich gut einer Gruppe mit Teilnehmern im Alter zwischen 17 und 65 Jahren. Gegen Ende der Gruppensitzungen stellte ein älteres Mitglied einem der Jüngeren die Frage: »Waren wir für den Gruppenprozeß von Nachteil, und wäre es euch lieber gewesen, die Gruppe hätte nur aus jüngeren Leuten bestanden?« Die Antwort der Jüngeren war überraschend: Sie sagten: »Nach den ersten ein oder zwei Stunden wart ihr nicht mehr alt oder jung. Ihr wart George oder Mary oder Al oder wer immer ihr als Personen seid. Das Alter war völlig unwichtig.« Ich glaube, das zeigt, wie die Kluft zwischen den Generationen überbrückt werden kann, vorausgesetzt, die jungen wie die älteren Leute sind zu einer solchen Erfahrung bereit.

Erziehungs-Institutionen

In unseren Schulen, Colleges und Universitäten fehlt es in erschreckendem Ausmaß an Beteiligung der Lernenden am gesamten Programm und an Kommunikation zwischen Lehrkörper und Schülern, Verwaltung und Lehrkörper sowie Verwaltung und Schülern. In diesem Bereich ist hinlänglich experimentiert worden, und wir wissen heute, daß sich die Kommunikation in all diesen Beziehungen verbessern läßt. Bedauerlich ist nur, daß von dieser neuen sozialen Einrichtung, der Encounter-Gruppe, bislang so wenig Gebrauch gemacht wird.

Im *Center for Studies of the Person* habe ich mit mehreren Mitarbeitern dieses neue Instrument für soziale Veränderungen innerhalb eines großen Erziehungssystems ausprobiert, das aus fünfzig Volksschulen, acht Highschools und einem Mädchencollege besteht [20]) und von dem Orden des Unbefleckten Herzens ins Leben gerufen wurde. Die Leiter dieser Organisation wollten unsere Hilfe und unterstützten unsere Arbeit, um einen Prozeß der selbstgesteuerten Veränderung in Gang zu setzen. Ohne ihre starke Unterstützung hätten wir uns auf das Unternehmen erst gar nicht eingelassen. Administrative Unterstützung ist außerordentlich wichtig.

Zusammen mit einem Komitee dieses Ordens planten wir eine Reihe von Encounter-Gruppen für die Lehrer des Colleges, für die Studenten und schließlich auch Gruppen für Lehrer und Studenten. Außerdem veranstalteten wir Gruppen für die Lehrer der Highschools, für die Schüler und später Gruppen, in denen Lehrer, Verwaltungsangehörige und Schüler zusammenkamen. Diese Gruppen waren fast immer außerordentlich erfolgreich, und alle Teilnehmer, die Gruppenleiter eingeschlossen, zogen aus der Erfahrung großen persönlichen Nutzen.

Zu den wichtigsten Veränderungen, die auf diese Weise erreicht wurden, zählte die Umstrukturierung der Verwaltung, insbesondere der des Colleges. Innerhalb des Verwaltungsrats wurden viele interpersonale Spannungen und Probleme beseitigt, was in einigen Fällen nicht ohne tiefe Gefühle und ein paar Tränen abging. Gemeinsam plante der Verwaltungsrat eine ganztägige Sitzung mit den Studenten des Colleges und dem Präsidenten, bei dem die Studenten ihre Wünsche und ihre Ziele für sich selbst und für das College ebenso frei und offen äußerten wie ihre Kritik am bisherigen System. Nach Ansicht aller Betroffenen war diese Begegnung für jedermann außerordentlich nützlich.

Als Folge dieser und der vorhergegangenen Gruppensitzungen zeigten sich auch in den Klassenzimmern zahlreiche Veränderungen in Richtung auf größere Beteiligung und mehr Initiative, auf mehr Selbstverantwortlichkeit, Selbstdisziplin und größere Zusammenarbeit

---

[20]) Das ganze Experiment wird im 15. Kapitel und im Schlußwort meines Buches *Freedom to Learn*, Charles E. Merrill Publishing Company, Columbus/Ohio 1969, ausführlich beschrieben.

zwischen Lehrenden und Lernenden. Diese Veränderungen fanden nicht nur statt, sie waren auch noch drei Jahre nach Beendigung des Experiments wirksam, obwohl wir uns als außenstehende Gruppenleiter gänzlich zurückgezogen hatten.

Der Orden, dem das Schulsystem untersteht, war nach einiger Zeit vom Wert der Intensiv-Gruppe so überzeugt, daß er mehrere seiner Leute zu Gruppenleitern ausbilden ließ. Interessant ist vielleicht noch die Geschichte dieses Projekts. Die Idee tauchte erstmals zu Beginn des Jahres 1966 auf. Alle Versuche, beim Erziehungsministerium oder bei Stiftungen eine finanzielle Unterstützung des Projekts zu finden, schlugen fehl, und ich wußte nicht, was ich tun sollte. Schließlich veröffentlichte ich einen Artikel über das geplante Experiment in einer Fachzeitschrift [21]), und das weckte bei mehreren schulischen Organisationen großes Interesse und führte schließlich zur finanziellen Förderung des Projekts durch Charles F. Kettering und die Mary Reynolds Babcock Stiftung. Alle anderen größeren Stiftungen und das Erziehungsministerium hielten noch 1966 ein Experiment dieser Art für völlig undurchführbar und töricht.

---

[21]) »A Plan for Self-Directed Change in an Educational System«, in: *Educational Leadership*, Vol. 24, Mai 1967, S. 717–31.

9.
Die Ausbildung von Gruppenleitern

Wie läßt sich eine einigermaßen vernünftige Relation zwischen der rapide wachsenden Zahl von Leuten, die an Gruppen interessiert sind, und der Anzahl fähiger Gruppenleiter herstellen? Woher werden die Leiter dieser Gruppen kommen? Das ist ein dringliches Problem. Wir brauchen Gruppenleiter für alle Bereiche, die im vorigen Kapitel erwähnt wurden. Meine Absicht ist es, einen bedeutenden Versuch zur Lösung dieses Problems zu beschreiben und zu diskutieren.

Das Programm von La Jolla

Der Versuch wurde im *Center for Studies of the Person* in La Jolla gemacht, einem Institut, dem auch ich angehöre und dessen Programm ich aus verschiedenen Gründen beschreiben möchte: Erstens halte ich das Programm für eine einmalige Sache, die sich in vielfacher Hinsicht von den meisten Trainingsprogrammen unterscheidet, zweitens kann ich einigermaßen objektiv darüber berichten, da ich an seiner Entwicklung nicht beteiligt gewesen bin und auch jetzt darin nur eine untergeordnete Rolle spiele; drittens leuchtet mir die angewandte Methode sehr ein, und ich wünschte, sie fände weitere Verbreitung als bisher.

Philosophie und Methode

Dem Programm liegt eine Auffassung zugrunde, die in erster Linie die Beziehung von Personen zu Personen betont. In einer Ankündigung heißt es:

»Dem Programm liegt eine auf Personen bezogene Philosophie der Gruppenleitung zugrunde, eine Auffassung, die davon ausgeht, daß ein Maximum an Wachsen für die Gruppe wie für den Gruppenleiter erreicht wird, wenn der Gruppenleiter an seiner Gruppe als *Person* teilnimmt und nicht als irgendeine Art von Experte.«

Diese Philosophie erklärt, weshalb man jede Anstrengung unternimmt, um das Wort Training zu vermeiden. »Training« impliziert, daß eine Person in irgendein Handwerk, eine Fertigkeit oder eine Kunst solange eingeübt wird, bis sie sie berufsmäßig ausführen kann. Aber man kann ein Individuum nicht zur *Person* trainieren. Es ist sehr bedauerlich, daß viele Leiter von Gruppen aus historischen Gründen (erklärt in Kapitel 1) »Trainer« genannt werden. In dem Maße, in dem sie dieser Bezeichnung entsprechen, sind sie meiner Beurteilung nach ungeeignet für jede Art von Intensiv-Gruppe. Das Programm von La Jolla betont deshalb das Menschsein der Person, die als Gruppenleiter wahrgenommen wird, und die Tatsache, daß er um so *erfolgreicher* ist, je *wirklicher* er in Interaktionen mit anderen Personen ist.

All das bedeutet, daß das Programm von La Jolla formlos und persönlich, der Unterschied zwischen Mitarbeiterstab und Teilnehmern minimal ist. Ich weiß, daß diese Feststellung mißverstanden werden kann. Kenntnisse und Erfahrung des Mitarbeiters werden vor dem Teilnehmer nicht verborgen. Er weiß zum Beispiel, daß verlegenes Schweigen typisch für den Beginn einer Gruppe ist, und betrachtet das weder als privilegierte Information noch als etwas, das er mit der Gruppe teilen muß. Er ist ein Mitarbeiter, aber in erster Linie ist er ein Mensch.

Aus diesen Ansichten ergibt sich ein weiteres spezifisches Merkmal des Programms. Soweit wie möglich wird eine schriftliche Bestätigung der Teilnahme am Programm vermieden. Es gibt keine Diplome, keine Zertifikate, keine wie auch immer gearteten Bestätigungen, daß der Teilnehmer nunmehr ein »Experte« ist. Man hofft und glaubt, daß eine Person nach Beendigung des Programms für den Umgang mit ihren eigenen Gruppen etwas besser qualifiziert ist als zuvor. Das ist das ganze Ziel. Seine Gruppen daheim können Klassen, Firmenbelegschaften oder als Encounter-Gruppen bezeichnete Gruppen sein. Es besteht jedoch nicht die Absicht, aus den Programmteilnehmern Gurus für Encounter-Gruppen zu machen!

Einer der Gründe für diesen Grundsatz liegt darin, daß niemand garantieren kann, daß aus jedem Teilnehmer ein angemessener Gruppenleiter geworden ist. Wenn er kein Diplom und kein Zertifikat hat, das er sich zu Hause an die Wand hängen kann, dann wird man ihn nach dem beurteilen, was er ist, und selbst entscheiden, ob er für eine Gruppe nützlich ist oder nicht. Wenn er es nicht ist, kann er niemandem durch sein Diplom Achtung und Ehrfurcht einflößen.

In enger Verbindung zu diesem Grundsatz steht die Tatsache, daß auf die Empfehlungen und Zeugnisse potentieller Programmteilnehmer wenig Wert gelegt wird. Daher gibt es unter ihnen nicht nur Doktoren der Medizin und der Philosophie, sondern ebenso Leute ohne einen College-Abschluß. Alle sind einander als Personen gleich.

Nach dieser Darstellung des philosophischen Hintergrunds wollen wir uns nun einer sachlicheren Beschreibung des Programms zuwenden. Es sind Programme von einer, zwei, drei und vier Wochen ausprobiert worden, aber derzeit ist man der Auffassung, daß drei Wochen der beste Zeitraum sind. Die Anzahl der Teilnehmer ist zum Teil aus Gründen der Unterbringung auf etwa hundert Personen beschränkt. Drei Programme dieser Art werden jeden Sommer durchgeführt, da in dieser Zeit die meisten Gelegenheit haben, sich von ihren beruflichen Verpflichtungen freizumachen.

Auswahl

Die Entscheidung über die Teilnahme liegt weitgehend bei den Teilnehmern selbst, obwohl Personen vorgezogen werden, die sich bereits mit wichtigen Gruppen befassen. Im allgemeinen kommen die Teilnehmer der Sommerprogramme aus einflußreichen Positionen in amerikanischen Institutionen. Es sind College-Direktoren, Volksschul-Verwalter, sehr viele Lehrer, Psychologen, Berater, Studenten und Geistliche der verschiedenen Konfessionen. Es kommen aber auch einige Leute aus dem Ausland und in zunehmendem Maße Ärzte und Fürsorger.

Elemente des Programms

Obwohl das Programm von Jahr zu Jahr verschieden ist und allen Veränderungen offen steht, sind drei wichtige Elemente von Anfang an geblieben: Erfahrung als Teilnehmer an mehr als einer kleinen Encounter-Gruppe; kognitive Sitzungen, die die Teilnehmer mit einer Vielzahl von Ansätzen zur Gruppenarbeit bekanntmachen und Gelegenheit zur Leitung einer Wochenend-Gruppe zusammen mit einem Gruppenleiter des Programms bieten.

Diese drei Elemente möchte ich ein wenig ausführlicher beschreiben. Von den hundertfünfzig Stunden des Programms entfällt etwa die Hälfte auf direkte Erfahrung in Encounter-Gruppen. Die Leiter dieser Gruppen haben umfassende Erfahrung in der Arbeit mit Gruppen und mindestens einmal an einem Sommerprogramm in La Jolla teilgenommen. In letzter Zeit ist der Versuch gemacht worden, den Teilnehmern Erfahrung in mehreren Encounter-Gruppen zu vermitteln, was verschiedene Vorteile hat. Der Teilnehmer merkt, daß die Zusammensetzung seiner ersten Gruppe nicht zufällig optimal war und daß der Prozeß nicht nur ausschließlich bei dieser Gruppe in Gang kam. Er lernt die Trauer kennen, die den Abschied von Personen begleitet, denen er sehr nahe gewesen war. Er stellt fest, daß auch eine zweite oder dritte Gruppe nur langsam anläuft und die gleichen Anfangsschwierigkeiten zu überwinden hat, obwohl alle Mitglieder gerade eine bedeutende Gruppenerfahrung hinter sich haben. Man kann nicht auf »sofortige Intimität« hoffen, sondern muß erneut zu gegenseitigem Vertrauen gelangen. Ein weiterer Vorteil ist, daß jede Person alle Teilnehmer des Programmes besser kennenlernt.

Letztes Jahr wurden mehrere intensive Begegnungen für alle Teilnehmer veranstaltet, die große Zustimmung fanden und ausgesprochen erfolgreich verliefen. Wenn die Teilnehmer ihre Erfahrung mit der Encounter-Gruppe gemacht haben, kann sich die intime Atmosphäre einer solchen Gruppe auch auf eine viel größere Gemeinschaft übertragen.

Ich erinnere mich sehr lebhaft an eine derartige Begegnung, an der ich selbst teilnahm. Über neunzig Personen bildeten eine lebendige und offene Encounter-Gruppe. Die Spannungen zwischen zwei leitenden Mitarbeitern des Programms wurden von den Teilnehmern erlebt, aber nicht verstanden, und so ermutigten sie die beiden, ihre Spannungen aufzudecken. Die ganze Gruppe nahm an dem zunächst zögernden, dann aber offenen und tränenreichen Ausdruck von Gefühlen teil, und die heilende Wirkung der gesamten Gruppe war ebenso bemerkenswert wie die Enthüllungen der beiden Mitarbeiter, die sich als das zu erkennen gaben, was sie waren, nämlich Menschen. Unter entsprechenden Umständen kann zweifellos auch eine große Anzahl von Personen zu einer einheitlichen Encounter-Gruppe werden, die genauso wirkungsvoll ist wie die übliche kleine Gruppe.

Der kognitive Teil des Programms richtet sich zum Teil nach den Wünschen und Bedürfnissen der Teilnehmer und wechselt daher von Programm zu Programm. Er umfaßt jedoch gewöhnlich Gespräche, Diskussionen und Veranstaltungen wie die folgenden:

Theoretische und praktische Sitzungen.

Die Leitung einer Demonstrationsgruppe und Diskussion derselben.
Ein auf Personen bezogenes Modell der Gruppenleitung.
Strukturierte Ansätze zur Gruppenarbeit.
Gruppenraum-Simulation als ein Lernansatz.
Psychodrama.
Theoretische Überlegungen in Beziehung zu Gruppen.

Anwendungsmöglichkeiten zur Behebung von Rassenkonflikten.
Hintergründe und Notwendigkeiten der Forschung.
Beziehungen zur Drogenszene.
Der Prozeß der Gemeinschaftsbildung.
Spezielle Anwendungsprobleme in

    erzieherischen Institutionen,
    Beratung,
    religiösen Institutionen,
    Familien.

Das dritte Element des Programms, die gemeinsame Leitung von Wochenend-Gruppen, erwies sich als ein gewagtes, aufregendes und im ganzen erstaunlich erfolgreiches Unternehmen. Die Teilnehmer, die sich zur gemeinsamen Leitung einer Gruppe imstande fühlen, suchen sich einen Partner und melden ihren Wunsch an, eine Gruppe selbständig zu leiten. Man verschickt Mitteilungen an viele Personen und Institutionen im Raum von San Diego und im übrigen Südkalifornien, die auf Wochenend-Workshops zu niedrigen Preisen aufmerksam machen (Einschreibungsgebühren und Lebenskosten). In den Mitteilungen wird ausdrücklich darauf verwiesen, daß die Gruppenleiter sich noch in der Ausbildung befinden.

Als dieses Unternehmen zum erstenmal geplant wurde, machte ich eine kleine Rechnung auf und versuchte zu beweisen, woran das Projekt notwendigerweise scheitern müsse. Ich ging davon aus, daß man mindestens fünf- bis sechshundert Personen brauchen würde, um genügend Gruppenmitglieder zu haben, und das zu erreichen schien mir unmöglich. Zu meiner Überraschung meldeten sich sechshundert Personen für das erste und achthundert für das nächste Wochenende. Das zeigt meiner Ansicht nach nur zu deutlich, wie groß das Bedürfnis der Leute nach größerer Intimität und besserer Kommunikation ist. In den ersten drei Jahren nahmen ungefähr achttausend Menschen an diesen Wochenend-Gruppen teil, und die nachträglichen Reaktionen waren fast einheitlich positiv und häufig sogar enthusiastisch. Bisweilen schienen die Erfahrungen in diesen Wochenend-Gruppen besser gewesen zu sein als die Erlebnisse in Gruppen unter weit erfahreneren Händen.

Bei den achttausend Personen, die bislang an diesen Gruppen teilgenommen haben, kam es in keinem Fall zu einem wie auch immer gearteten psychologischen Zusammenbruch während der Wochenenden. In zwei Fällen kam der Zusammenbruch viel später, aber es fragt sich, ob das nicht der normale Prozentsatz einer gleich großen Bevölkerungszahl im gleichen Zeitraum ist.

Ich habe über die bisweilen erstaunlichen Erfolge dieser Wochenend-Gruppen lange nachgedacht und bin dabei auf einige Punkte gestoßen, die für die Gruppenleitung vielleicht wichtig sind. Die Leiter dieser Gruppen, deren Erfahrungen von null bis beträchtlich reichen, sind zwei Wochen lang in einer oder mehreren Encounter-Gruppen gewesen, ehe sie ihre erste Wochenend-Gruppe leiten. Das heißt, daß sie ihren Gefühlen gegenüber offen und sich ihrer selbst bewußter sind als gewöhnlich. Sie sind viel mehr daran gewöhnt, sich selbst voll und unmittelbar als Person einzusetzen. Wenn sie mit einer Gruppe von Fremden zusammentreffen, um die Entwicklung des Gruppenprozesses in Gang zu bringen, sind sie daher so voll und ganz »gegenwärtig«, wie ein Individuum es nur sein kann. Jeder ist ein Mensch, der versucht, mit sich selbst in Berührung zu kommen, jeder bemüht sich als die Person, die er ist, mit den anderen an dem Gruppenprozeß teilzunehmen. Er steht irgendwo zwischen dem Punkt, an dem er angefangen hat, und dem Ziel, das er anstrebt. Ich glaube, diese Offenheit, Bewußtheit und Empfänglichkeit – diese Echtheit und Spontaneität – sind teilweise die Gründe dafür, daß diese Wochenend-Gruppen fast immer sehr erfolgreich waren.

Ein weiterer Grund ist vielleicht noch in der Tatsache zu sehen, daß diese in der Ausbildung befindlichen Gruppenleiter keine »Experten« sind. Gruppenteilnehmer lassen sich von Personen, die sie als Experten wahrnehmen, nur zu leicht einschüchtern. Hier sind sie aber ausdrücklich darauf hingewiesen worden, daß die Gruppenleiter keine Fachleute sind, und deshalb fällt es ihnen oft leichter, ihre Masken fallen zu lassen. Außerdem fühlen sie sich für die Gruppe mehr verantwortlich. Bemerkenswert ist, was an *gegenseitiger* Hilfe geleistet wird. Der Gruppenleiter bemüht sich, für die Gruppe von Nutzen zu sein, aber die Gruppenmitglieder kommen ihm auch zu

Hilfe, wenn sie spüren, daß seine Funktion nicht förderlich ist. So gibt es Wachsen auf beiden Seiten.

Diese gemeinsame Leitung von Wochenend-Gruppen ist vielleicht der wichtigste Teil des ganzen Programms. Der Teilnehmer hat in seiner eigenen kleinen Gruppe gelernt, daß er tief und persönlich berührt werden und sich für Veränderungen öffnen kann. An den Wochenenden lernt er nun, daß er andere veranlassen kann, ebenso berührt zu werden und sich ebenso für Veränderungen zu öffnen. Er geht mit dem Wissen, daß er Gelegenheit zum Wachsen schaffen kann.

Die Beziehungen daheim

Im letzten Teil des Programms wird besonders betont, wie sich die Erfahrung daheim nutzen läßt. Die Teilnehmer werden dazu angehalten, ihre Erfahrungen aus dem Sommer in den bereits bestehenden Rahmen einzubauen, statt neue Encounter-Gruppen aufzubauen. Gemeinsam überlegt man, wie sich die neuen Einstellungen und Fähigkeiten verwenden lassen, um institutionalisiertes Leben persönlicher und den Bedürfnissen der Betroffenen angemessener zu gestalten. Man beschäftigt sich auch mit der Frage, wie sich die Atmosphäre einer Encounter-Gruppe auf das Familienleben übertragen läßt, denn man ist überzeugt, daß das Programm seinen Zweck nur dann erreicht hat, wenn sich die Funktion des Individuums in seiner eigenen Umgebung verbessert hat. Noch gibt es kein Instrument, um zu messen, wieweit das Ziel erreicht worden ist, aber die ständig wachsende Nachfrage nach Teilnahme an diesem Programm zeigt, daß die meisten das Gefühl haben, ihnen sei in dieser Richtung geholfen worden. Die meisten Anmeldungen für neue Programme gingen von persönlichen Kontakten zu Personen aus, die schon an früheren Programmen teilgenommen hatten, und das scheint ein gutes Zeichen zu sein.

Schluß

Meiner Ansicht nach steht dieses Programm in ziemlichem Kontrast zu vielen Ausbildungsprogrammen für Gruppenleiter in verschiedenen Teilen dieses Landes. Es legt keinerlei Wert auf die manipulative, interpretierende und hochspezialisierte Begutachtung, die bei der Ausbildung von Gruppenleitern immer mehr Raum einzunehmen scheint.

Es legt keinen besonderen Akzent auf die »Übungen«, die für viele Gruppenleiter zu einer großen Trickkiste geworden sind. Statt dessen konzentriert es sich weitgehend auf die Entfaltung der Personen und die Verbesserung ihrer interpersonalen Beziehungen. Seine Philosophie wie auch sein Ansatz zur Ausbildung förderungswürdiger Personen sind für jeden der Betrachtung wert, der auf diesem Gebiet tätig ist.

10.
Was bringt die Zukunft?

Einige Möglichkeiten

Wie sieht angesichts der rapiden Verbreitung von Gruppen die Zukunft der Gruppenbewegung selbst aus, und welche Folgerungen ergeben sich für unsere zukünftigen Institutionen und unsere gesamte Kultur? Ich bin zwar kein Prophet, aber ich möchte doch versuchen, so tief wie möglich in meine Kristallkugel zu blicken. Betrachten wir zunächst den allgemeinen Trend zur Entwicklung von Gruppen. Welche Richtungen könnten dabei eingeschlagen werden?

Zuerst muß ich eingestehen, daß die Gruppe nur zu leicht immer mehr in die Hände jener Ausbeuter fallen kann, die vorwiegend des persönlichen, finanziellen oder psychologischen Vorteils wegen die Gruppenszene betreten haben. Die Modeanhänger, die Kultverehrer, die Nudisten und Manipulatoren, deren Bedürfnisse auf Macht oder Anerkennung gerichtet sind, könnten die Herrschaft über die Encounter-Gruppe erringen. In diesem Fall wird sie ins Verderben geraten und von der Öffentlichkeit immer mehr als das gesehen werden, was sie dann ist: ein ziemlich betrügerisches Spiel, das nicht in erster Linie dem Wachsen, der Gesundung und der konstruktiven Veränderung dient, sondern dem Vorteil ihres Leiters.

Eine ebenso enttäuschende Möglichkeit wäre, daß sie aufgrund exzessiven Eifers und der Verwendung immer »abgelegenerer« Verfahren durch die Gruppenleiter vom Mann auf der Straße abgelehnt wird, ohne daß er den solideren und positiveren Kern der Sache je zu sehen bekommen hätte. Ich habe bereits gehört, daß Gruppen, die sich auf persönliches Wachsen konzentrieren, Teilnehmer zugunsten jener Gruppen einbüßen, die sich auf das Charisma ihres Leiters berufen oder Gelegenheit zu körperlichem Kontakt mit Mitgliedern beider Geschlechter bieten. In dem Maße, in dem diese Entwicklung den Vortritt hat, kann der Begriff »Encounter-Gruppe« zu einem Schimpfwort werden, ähnlich wie es vor Jahren dem Begriff der »progressiven Erziehung« erging. Es lohnt sich vielleicht, diese Parallele näher zu betrachten. Da progressive Erziehung ungemein populär wurde und immer mehr von Extremisten und Leuten mit wenig oder gar keinem Verständnis für die grundlegenden Prinzipien vertreten wurde, tat die Öffentlichkeit sie in Acht und Bann, und keine Schule wollte etwas damit zu tun haben. Heute wüßte ich keinen Erzieher, der öffentlich zugeben würde, daß er für eine progressive Erziehung eintritt. Daher ist sie *scheinbar* ausgestorben. Aber fast jede Veränderung, die in den letzten Jahrzehnten im Erziehungsbereich stattgefunden hat, läßt sich auf das Denken von John Dewey und auf die Prinzipien zurückführen, die der progressiven Erziehung zugrunde liegen.

Ich kann mir gut vorstellen, daß es den Encounter-Gruppen, dem Sensitivitäts-Training und allen anderen Gruppen ähnlich ergehen könnte. Man würde sie verdammen, und damit stürben sie aus. Aber die wichtigsten Elemente – die Entstehung von Vertrauen in kleinen Gruppen, das Mitteilen des Selbst, das Feedback und der Sinn für Gemeinschaft – würden bleiben und unter anderen Bezeichnungen zu jenen Veränderungen und zu jener Kommunikation führen, die wir alle so dringend brauchen.

Eine weitere, etwas bedrohlichere Möglichkeit besteht darin, daß die ganze Richtung von einer Gesellschaft unterdrückt wird, die sich anscheinend immer stärker gegen Veränderung wehrt und keinen Wert auf die individuelle Freiheit des Denkens und des Ausdrucks legt, auf Spontaneität und andere persönliche Merkmale, die in Encounter-Gruppen gefördert werden. Gegenwärtig ist die Wahrscheinlichkeit einer Machtübernahme durch die extreme Rechte in diesem Land größer als die durch die extreme Linke. Aber beides würde die Existenz der Encounter-Gruppe ausschließen, da in jedem Fall strenge Kontrolle, nicht Freiheit das zentrale Element wäre. Im heutigen Rußland oder selbst in der Tschechoslowakei wäre eine Encounter-Gruppe unvorstellbar, obwohl einiges darauf hindeutet, daß viele Menschen in diesen Ländern sich nach eben dieser Freiheit des Ausdrucks sehnen, zu der die Encounter-Gruppe ermutigt. Noch viel weniger kann man sich in der John Birch Society, bei den Minutemen oder dem Ku-Klux-Klan oder anderen organisierten rechten Gruppen eine Encounter-Gruppe vorstellen. Nein, die Encounter-Gruppe kann nur in einer grundsätzlich demokratischen Umgebung gedeihen. Wenn es in diesem Land zu einer diktatorischen Machtergreifung kommen sollte – und es tritt immer deutlicher zutage, daß diese Möglichkeit besteht –, dann wäre die gesamte Bewegung der intensiven Gruppenerfahrung das erste, was unterdrückt und verboten würde.

Da ich von Natur aus optimistisch und voller Hoffnung bin, kann ich mich nicht allzu lange bei diesen düsteren Visionen aufhalten. Sicherlich besteht ebenso die reale Möglichkeit, daß die Gruppenbewegung weiter wächst und immer mehr Einfluß gewinnt. Was dann? In diesem Fall werden wir, so glaube ich, eine noch größere Vielfalt der Formen erleben. Ich kann nicht weit genug voraussehen, um mir noch andere Formen als die in diesem Buch bereits erwähnten vorzustellen: Gruppen, die sich mit der Bildung von Teams befassen, mit der Entwicklung einer wirklichen Gemeinschaft, mit der Erweiterung des Bewußtseins, mit Meditation und Kreativität. Ich bin sicher, daß es in Zukunft noch viel mehr Möglichkeiten mit anderen Akzenten geben wird, aber einige der essentiellen Qualitäten der Encounter-Gruppe wird man sicher beibehalten. Dies werden dann die neuen Wege zu einem Leben sein, das voll und lebendig gelebt werden kann, auch ohne die Hilfe von Drogen.

Ganz sicher wird es einmal noch bessere Methoden geben, um der Person zu einem differenzierten, aber realistischen Verhalten in ihrer eigenen Umgebung zu verhelfen. Mit diesem Problem wird man sich nicht nur in der Gruppe, sondern auch im Anschluß an dieselbe befassen. Man wird Gruppen zu einem späteren Zeitpunkt noch einmal zusammenrufen, nicht um den alten Glanz der ersten Begegnung erneut aufleuchten zu lassen, sondern um festzustellen, welche Veränderungen stattgefunden haben. Kurz gesagt, es wird mehr und andere Ansätze geben, um die Individualisierung, die Einsicht und das Selbstvertrauen, das in der Gruppe begann, auch weiterhin zu fördern.

Geist und *Klima* der Encounter-Gruppe werden, glaube ich, eine weniger an äußere Form gebundene Verbreitung finden. Barbara Shiel hat uns an einem Beispiel gezeigt, wie das in einem Klassenzimmer aussehen kann [22]), und ich habe gelernt, das gleiche Klima in einem College-Seminar zu fördern. Da gibt es keine organisierte Encounter-Gruppe. Da gibt es lediglich die Freiheit des Ausdrucks von Gefühlen und Gedanken zu jedem persönlich wichtigen Problem. Es bedarf einer etwas größeren Vorstellungskraft, um sich auszumalen, wie es in einem College oder in einem Industriebetrieb aussähe, wenn sie von diesem Klima durchdrungen wären. Und wenn man an eine bürokratische Einrichtung wie beispielsweise die Regierungsstelle, die sich mit den Angelegenheiten der Indianer befaßt,

---

[22]) Siehe 1. Kapitel in C. R. Rogers *Freedom to Learn*, Charles E. Merrill Publishing Company, Columbus/Ohio 1969.

oder an das State Departement denkt, dann ist die Phantasie fast überfordert. Aber unmöglich ist deshalb nichts.

Wir werden einige dieser Möglichkeiten noch eingehend betrachten, wenn wir näher auf die verschiedenen Folgerungen für die Zukunft eingehen.

Implikationen für das Individuum

Auch hier kann ich nur die Tendenzen in die Zukunft übertragen, die ich bereits in der Gegenwart sehe. Sicherlich wird die Bewegung der Encounter-Gruppe zu einer wachsenden Gegenkraft zur Enthumanisierung unserer Gesellschaft anwachsen. Wir leben in einer zunehmend unpersönlichen Welt der wissenschaftlichen und industriellen Technisierung, in der die Auffassung vorherrscht, daß der Mensch nur eine Maschine sei. Ein weiteres Element ist die wachsende Computerisierung der Industrie, Regierung, Erziehung und selbst der Medizin. Das ist nicht notwendigerweise von Nachteil, es bestätigt nur immer wieder die entpersönlichte Vorstellung, die der Mensch von sich selbst als einem mechanisch registrierten Objekt hat, mit dem sich ausschließlich Maschinen und Bürokraten befassen.

Hier hat die Encounter-Gruppe tiefgreifende Implikationen. Je mehr sich die Bewegung verbreitet, je mehr Individuen sich als einmalige Personen erfahren, um die sich andere einmalige Personen kümmern, desto mehr Wege werden sich auftun, um eine enthumanisierte Welt zu humanisieren. Das Individuum wird nicht länger einfach eine IBM-Lochkarte sein oder eine Reihe von Fakten, die ein Computer speichert. Es wird eine Person sein und sich als solche behaupten, und das wird zweifellos weitreichende Folgen haben.

In ähnlicher Weise kann die Encounter-Gruppe einen Versuch darstellen, die Isolation und Entfremdung des heutigen Menschen zu überwinden. Wer als Person die Erfahrung einer intensiven Begegnung mit einer anderen Person gemacht hat, ist nicht länger völlig isoliert. Die Erfahrung wird nicht unbedingt ihre Einsamkeit verringern, sie wird ihr aber zumindest beweisen, daß diese Einsamkeit kein unvermeidliches Element ihres Lebens ist. Und da die Entfremdung zu den beunruhigendsten Aspekten des modernen Lebens gehört, ist dies eine wichtige Implikation.

Mir scheint, daß die Gruppenerfahrung als ein Weg zu persönlicher

Erfüllung und zum Wachsen in Zukunft für das Individuum eine noch größere Bedeutung haben wird. Wenn die materiellen Bedürfnisse weitgehend befriedigt sind, was in unserer Überflußgesellschaft für viele Leute bereits zutrifft, dann wenden sich die Menschen der psychologischen Welt zu und suchen nach mehr Glaubwürdigkeit und Erfüllung. So sagte ein Gruppenteilnehmer: »Mir wurde eine völlig neue Lebensdimension eröffnet, und ich sah plötzlich eine Unzahl von Möglichkeiten in meinen Beziehungen zu mir selbst und zu allen, die mir lieb sind. Ich fühle mich jetzt wirklich lebendig.« Dieses Ziel, das Leben voller zu leben und seine Möglichkeiten in all ihrer Vielfalt zu entwickeln, scheint eine der großen Befriedigungen zu sein, denen der Mensch zustrebt. Unter den vielen verschiedenen Wegen, die er ausprobiert, um ein intensiveres Leben zu leben, ist die Encounter-Gruppe bereits heute ein viel begangener Weg, den er in der Zukunft wahrscheinlich noch mehr nutzen wird.

Eine der begrenzten, aber trotzdem sehr wichtigen Möglichkeiten der Encounter-Gruppe besteht darin, zur Lösung der Probleme in den Beziehungen zwischen Mann und Frau beizutragen. Was soll aus der Ehe werden, wenn in einigen Teilen Südkaliforniens drei von vier Ehen vor dem Scheidungsrichter enden? Was soll mit den Kindern aus diesen Ehen geschehen? Wie sieht die Zukunft der Familie aus? All diese Fragen lassen sich nicht durch Warnungen, Gesetze oder intellektuelle Diskussionen lösen. Vielleicht finden sich neue Antworten, wenn Männer und Frauen vor oder in der Ehe so tief wie nur möglich ihre eigenen, interpersonalen Beziehungen und das, was sie aus ihnen machen wollen, in der Erfahrung einer Gruppe erforschen. Hier lassen sich auch – besonders in der Familiengruppe – die Beziehungen zwischen Eltern und Kindern und ihre Unzulänglichkeiten erforschen und zukünftige Lösungen finden.

Bedeutung für unsere Gesellschaft

Offensichtlich liegt eine der bedeutendsten Implikationen der Encounter-Gruppe in der Tatsache, daß sie dem Individuum hilft, sich Veränderungen anzupassen. Nur sehr wenige Leute scheinen erkannt zu haben, daß der heutige und erst recht der Mensch der Zukunft vor der Frage steht, wie schnell sich der menschliche Organismus an die Veränderungen gewöhnen kann, die sich dank der Technik förmlich überstürzen. Toffler spricht in einem ausgezeichneten Artikel vom

»Zukunftsschock« und meint, daß die Menschen bei dem Versuch, sich an die unglaublichen Veränderungen der heutigen Zeit anzupassen, eines Tages zusammenbrechen werden. Er bringt dafür ein Beispiel, das mich sehr beeindruckt hat. Er sagt, man könnte die Existenz des Menschen als etwa acht mal hundert Lebenszeiten von ungefähr sechzig oder mehr Jahren sehen, die sich über einen Zeitraum von fünfzigtausend Jahren erstrecken. Von diesen achthundert wurden volle sechshundertfünfzig in Höhlen verbracht. Nur während der letzten siebzig Lebenszeiten war eine effektive Kommunikation von einer Lebenszeit zur anderen möglich – durch die Erfindung der Schrift. Erst in den letzten sechs Lebenszeiten haben die Menschen ein gedrucktes Wort gesehen. Erst in den letzten vier war es möglich, die Zeit einigermaßen präzise zu messen. Erst in den beiden letzten hat irgend jemand irgendwo einen Elektromotor benutzt. Und die überwältigende Mehrheit aller materiellen Güter unseres heutigen täglichen Lebens wurden in der Gegenwart, in der achthundertsten Lebenszeit entwickelt [23]).« Die Technologie zwingt der Menschheit eine Geschwindigkeit der Veränderung auf, der der menschliche Organismus kaum gewachsen ist. Zweifellos ist die Encounter-Gruppe mit ihren verschiedenen Ablegern eine große Hilfe und trägt dazu bei, daß das Individuum sich seiner Gefühle in bezug auf Veränderung bewußt wird und aus der Veränderung eine konstruktive Möglichkeit macht. Das ist der Grund, weshalb einige der zentralen Kapitel dieses Buches der Frage gewidmet wurden, *wie* sich Menschen und Organisationen verändern. Dieses Problem wird im Laufe der Zeit wahrscheinlich immer dringlicher, und alles, was dem Menschen hilft, sich Veränderungen anzupassen, wird zweifellos von großer Bedeutung sein.

In ähnlicher Weise kann die Encounter-Gruppe uns als Instrument zur Veränderung von Institutionen helfen, der Zukunft zu begegnen, denn institutionelle Veränderungen sind ebenso wichtig wie persönliche Veränderung. Hier können die im letzten Kapitel besprochenen Anwendungsmöglichkeiten von großer Wichtigkeit sein. Wenn Regierung, Schulen, Kirchen, Industrie und Familie nicht mit großer Bereitwilligkeit auf die Notwendigkeit von Veränderung reagieren, dann ist unsere Gesellschaft dem Untergang geweiht. Was wir brauchen, sind nicht veränderte Institutionen, sondern *Bereitschaft* zur Veränderung innerhalb der Institutionen, Bereitschaft zu stän-

---

[23]) A. Toffler, »Future Shock«, in: *Playboy*, Heft 17, Februar 1970, S. 97.

diger Erneuerung der organisatorischen Formen, institutionellen Strukturen und Richtlinien. Diesem Ziel sind einige Ableger der Gruppenbewegung sehr nahe gekommen.

Die Zukunft bedarf vielleicht noch dringlicher als die Gegenwart eines Instruments zur Handhabung interpersonaler und intergruppaler Spannungen. In einer Gesellschaft, die von Rassenkrawallen, Studentenunruhen und unlösbaren internationalen Spannungen zerrissen wird, ist ein solches Instrument zur Verbesserung der Kommunikation von immenser Bedeutung. Wie andere neue soziale Erfindungen, so ist auch diese in Spannungssituationen nur allzu selten ausprobiert worden, aber wenn die Zukunft mit derartigen Konflikten einigermaßen erfolgreich fertig werden will, dann muß sie dieses Instrument weit häufiger einsetzen. Ich kann sagen, daß wir mit vielen Arten von Spannungen gearbeitet haben, mit rassischen Kontroversen, mit Konflikten zwischen Schülern, Lehrkörper und Schulverwaltung, mit Konflikten in Arbeiter-Management-Situationen usw. Diese Arbeit hat gezeigt, daß es Lösungen für solche Situationen gibt. Die Frage für die Zukunft lautet, ob wir das Instrument in größerem Umfang anwenden können.

Aufforderung an die Wissenschaft

Eine erregende Frage für die Zukunft ist die Aufforderung, die die Encounter-Gruppe an die Wissenschaft stellt. Hier liegt eindeutig ein kraftvolles und dynamisches Phänomen vor. Die Wissenschaft hat immer dann Fortschritte gemacht, wenn sie sich mit solchen potenten Situationen befaßte. Aber kann man eine *menschliche* Wissenschaft entwickeln, die imstande ist, die realen und subtilen Probleme angemessen zu erforschen, die in einer Encounter-Gruppe auftauchen? Bislang habe ich das Gefühl, daß die Forschung – so sehr auch in ihr gearbeitet wird – nur schwache und im wesentlichen überholte Versuche gemacht hat. Was dringend gebraucht wird, ist die Entwicklung einer phänomenologischen humanen Wissenschaft für dieses Gebiet.

Wie soll das geschehen? Ich weiß es nicht, aber ich kann einen Vorschlag machen. *Angenommen, wir beschäftigten alle Versuchspersonen als Forscher!* Angenommen, der kluge Forscher würde seine Versuchspersonen zu Mitforschern machen, statt die Veränderungen in ihnen auf die eine oder andere fragwürdige Weise zu messen. Es ist längst zur Genüge bewiesen, daß die sogenannte naive Versuchsperson ein Produkt der Einbildung ist. In dem Augenblick, in dem eine Person Gegenstand psychologischer Untersuchung wird, macht sie sich ihre eigenen Gedanken über Zweck und Absicht der Untersuchung. Je nach Temperament und Einstellung zu dem Forscher beginnt sie nunmehr entweder zu helfen, das zu finden, was er *ihrer Ansicht nach* sucht, oder sie vereitelt die Absicht der Untersuchung. Warum soll man all dem nicht aus dem Wege gehen und die Versuchsperson in das Forschungsteam aufnehmen?

Lassen Sie mich versuchen, das konkreter auszudrücken, und zwar anhand einer Überlegung, wie sich der Prozeß der Encounter-Gruppe und der Prozeß der Veränderung im Individuum tiefer oder humaner erforschen ließe.

Man versammle eine Anzahl von Leuten ohne Erfahrung mit Encounter-Gruppen und erkläre ausdrücklich, daß man zusätzlich zu der Erfahrung ihre Hilfe wünsche, um mehr über sie herauszufinden. Am Ende jeder Sitzung oder jedes Tages ließen sich jeder Person zwei Fragen stellen, die sie mündlich oder schriftlich beantworten könnte. Diese Fragen würden etwa lauten: (1) »Haben Sie das Gefühl, daß Sie jetzt in Ihren Gefühlen, Reaktionen, Einstellungen und Verhaltensweisen genau die gleiche Person sind wie zu Beginn dieser Sitzung? Wenn ja, dann sagen Sie es. Wenn Sie jedoch Veränderungen – gleichgültig, ob große oder kleine – bei sich feststellen, dann beschreiben Sie sie, so gut Sie können, und sagen Sie auch, was der Grund oder die Ursache für diese Veränderungen Ihrer Meinung nach ist.« (2) »Haben Sie das Gefühl, daß die Gruppe die gleiche ist wie zu Beginn dieser Sitzung? Wenn ja, sagen Sie es einfach. Wenn Sie spüren, daß die Gruppe sich in irgendeiner Weise verändert hat, beschreiben Sie diese Veränderung oder diese Veränderungen, so gut Sie können, und sagen Sie, warum sie Ihrer Meinung nach aufgetreten sind.«

Ein Mitarbeiter würde sofort mit einer ersten Analyse dieses Materials beginnen und die ähnlichen oder kontrastierenden Feststellungen der Teilnehmer zu beiden Fragen zusammenstellen. Am letzten Tag der Gruppe könnten diese zentralen Themen, Veränderung oder Nicht-Veränderung mit den Teilnehmern diskutiert werden. Ich glaube, daß ein Verfahren dieser Art zu tieferer Kenntnis und Einsicht in den Prozeß der Veränderung in Gruppen führen würde, als wir sie bislang besitzen.

Es würde mich überhaupt nicht stören, wenn jemand sagte: »Aber das ist doch nicht Wissenschaft!« Wenn Untersuchungen sachlich, mitteilbar und replikabel sind, dann *sind* sie auch wissenschaftlich. Ich bin überzeugt, daß wir über viele menschliche Geheimnisse mehr erfahren würden, wenn wir uns offen und ehrlich der Intelligenz und Einsicht der betroffenen Person bedienten. Das heißt nicht, daß dies die einzige Antwort wäre. Es könnte aber ein Weg sein zur Entwicklung einer Wissenschaft, die dem Studium der menschlichen Person angemessener ist.

Philosophische Werte

Die Encounter-Gruppe hat eine eindeutig existentielle Implikation hinsichtlich der zunehmenden Tendenz, das Hier und Jetzt der menschlichen Gefühle und des Lebens zu betonen. Dieser existentielle Gehalt spiegelt viel von der derzeitigen Entwicklung unseres philosophischen Denkens und realen Lebens wider. Er illustriert den philosophischen Standpunkt von Maslow und May und einigen ihrer berühmten Vorläufer wie Kierkegaard und Buber. Er stimmt überein mit der aufregenden Theaterentwicklung einer Inszenierung wie *Hair*, die auf eine neue Art der unmittelbaren persönlichen Anteilnahme am Theater abzielt. Er steht in engem Bezug zu dem, was in Kunst, Musik und Literatur geschieht. Ich fühle mich außerstande, das alles in vollem Umfang darzulegen, aber es ist offensichtlich, daß die Encounter-Gruppe in einer Welt, die entsprechend einer in zunehmendem Maße existentiellen Philosophie lebt, einen entscheidenden Beitrag leistet.

Schließlich sollte diese Art der Gruppe in der Zukunft dazu beitragen, unsere Wertvorstellungen in bezug auf den Menschen selbst zu klären. Was ist unsere Vorstellung vom Menschen? Was ist das Ziel der Entwicklung der Persönlichkeit? Welches sind die Merkmale des optimalen Menschen? Ich bin sicher, daß aus diesem Buch eines klar hervorgeht: Gruppenmitglieder reagieren in einem freiheitlichen und förderlichen Klima spontaner und flexibler, sie treten in engere Beziehung zu ihren Gefühlen, werden Erfahrungen gegenüber offener und gelangen zu besseren interpersonalen Beziehungen. Das ist die Art von Mensch, die aus der Erfahrung mit der Encounter-Gruppe hervorgeht. Aber dieser Mensch steht in direktem Gegensatz zu vielen religiösen, gesellschaftlichen und politischen Standpunkten und ist nicht unbedingt das Ideal oder das Ziel des durchschnittlichen Menschen unserer Gesellschaft. Hier liegt ein Problem vor, das in der

Zukunft offener und eingehender Überlegungen bedarf. Wir haben die Möglichkeit, selbst zu wählen, welche Art von Person wir schaffen wollen.

Schluß

Ich glaube, dieses Kapitel hat einigermaßen klargemacht, daß die ganze Bewegung zur intensiven Gruppenerfahrung in all ihren Schattierungen für Gegenwart wie Zukunft große Bedeutung hat. Wer geglaubt hat, die Encounter-Gruppe sei lediglich eine Marotte oder ein Phänomen, das nur ein paar Leute vorübergehend beeinflußt, täte gut daran, sich das noch einmal zu überlegen. In der unruhigen Zukunft, die vor uns liegt, steht die intensive Gruppenerfahrung in Beziehung zu tiefgreifenden und wichtigen Fragen, bei denen es um Veränderungen geht. Diese Veränderungen können bei Personen eintreten, bei Institutionen, bei Rassenproblemen und internationalen Spannungen, in unseren philosophischen Anschauungen, in unseren Wertvorstellungen und in unserem Bild vom Menschen selbst. Die Gruppenbewegung ist von großer Bedeutung, und ihr zukünftiger Verlauf wird auf uns alle tiefen Einfluß ausüben, sei es zum Guten oder zum Schlechten.

Register

Abwehr 114
Abwehr-Rigidität 14
Allen, Gary 19
»American Opinion« 19
»Aufgaben« 62 f.
Aufgabenbezogene Gruppe 12

Belohnungssysteme 140
Bethel (Maine) 10 f.
Betriebs-Gruppe 13
Bewegung, physische 12, 65 ff.
Bewußtheit, physische 12
Bewußtseinserweiterung 157
Bewußtseinsstrom 133
Buber, Martin 163

Center for Studies of the Person, La Jolla 17, 89, 145, 147
Claremont Colleges 80
Columbia University 80

Demaskierung 34 f.
Desexualisierung 68
Dewey, John 156
Dieckmann jr., Ed 18
Drogenszene 151, 157

Ehe-Problematik 13, 30, 32, 46 f., 78, 86, 134, 144, 159
Eigentumsrechte 140
Einsamkeit 113 ff., 158
–, innere 115 ff.
–, personale 113 ff.
Eltern-Kinder-Problem 13, 78, 105, 131, 144, 159
Encounter-Gruppe 9, 12, 17

Entfremdung 115 ff., 122, 158
Enthumanisierung 17, 158
Entwicklungsprojekte, organisatorische 140
Erfahrung 133 ff.
Erfahrungswidersprüche 129
Erziehung, progressive 155 f.
Erziehungssystem 145
Exploration 23 f., 27 ff.

Familie 143, 159
–, Anwendungsprobleme
–, Rückwirkung 153
Familien-Gruppe 13
Feedback 14, 36 ff., 54, 61 f., 68, 93, 156
Fehlschläge 45 ff.
Feindseligkeit 61
Forschung 123 ff., 151, 161 f.
Forschungsprogramme 9
Fragebogenaktion 131 ff.
»Fremd«-Gruppe 13

Gemeinschaftsbildung 151
Gemeinschaftsgefühl 141
Gemeinschaftssinn 156
Generationskluft 144
Gestalt-Gruppe 13
Gestaltpsychologie 12
Gestalttherapie 13, 15
Gibb, Jack 123 ff., 126
Gefühle 15 ff., 58 ff., 73, 124
–, Akzeptierung 130
–, Beschreibung 25, 128 f.
–, Bewußtheit 136
–, interpersonale 29
–, negative 25 f., 41
–, positive 26, 41 ff.

–, Rigidität 127
–, Stabilität 127
–, vergangene 25
–, wahre 30 f.
Gefühlsreaktionen 14
Gruppe, Akzeptierung 55 ff.
–, »Erfolg« 51
–, existentielle Implikation 163
–, Klima 54 f.
– als Organismus 51
–, soziale Bedeutung 9
–, Teilnehmerzahl 14, 151 ff.
–, therapeutisches Potential 50, 64
–, Verhaltensänderung 43 f.
–, »Ziel« 51 f.
–, Zusammensetzung 125
–, Zeitraum 125
Gruppen, Definition verschiedener 12
–, nationale 143
Gruppenerfahrung 14 f.
–, Wirkung 109 ff.
Gruppenleiter 14, 55, 124 f., 62, 73 ff.
–, Konzept 15
–, Manipulation 73 ff., 76
Gruppenleiter-Ausbildung 17, 147 ff.
–, Begutachtung 153
–, Interpretation 153
–, Manipulation 153
–, Teilnehmer-Auswahl 149
–, Training 154
Gruppenleitung 50 ff., 152
–, Diplome 148
–, Mängel und Fehler 71 ff.
–, Methode der 147 ff.
–, Modell 151
–, Philosophie der 147
–, Zertifikate 148
Gruppenprogramm 125
Gruppenprozeß 15 ff., 127
–, Nachwirkungen 45 ff.
Gruppenraum-Simulation 151
Gruppensitzung, Anzahl 14
–, Zeitraum 13

Harmon, James 20
»Hier und jetzt«-Material 27

Heilungskapazität in der Gruppe 29
Human-Wissenschaft, phänomenologische 161 f.

Individualisierung 157
Innovation 15
Institutionen 9, 79, 88
–, Anwendungsprobleme 139 ff, 151
–, Erziehungs- 144 f.
–, Veränderungen 160
Interdependenz 124
Interpretation 63 f., 74
Isolierung 113 ff.

John Birch Society 19, 156

Kettering, Charles F. 146
Kierkegaard, Sören 163
Kirche 9, 141
Körperbewegung 69
Körperbewußtheits-Gruppe 12
Körperkontakt 63, 65 ff.
Kommunikation 16, 55, 128, 156
–, interpersonale 11 f.
–, nichtverbale 63, 65 ff., 69 f., 76
–, verbale 70
Konfrontation 38, 61 f., 106 f.
Konstrukte, persönliche 129
Koontz, Elizabeth D. 19
Kreativität 157
Kreativitäts-Workshops 12
Kriminelle 26
Ku-Klux-Klan 156

»Labs« 13
La Jolla-Programm 147 ff., 149
Lehrer-Schüler-Problem 87 ff., 118, 134, 144
Leistungswettbewerb 140
Lernen durch Erfahrung 11
–, kognitives 11
Lewin, Kurt 10, 12
Liebesbeziehung innerhalb der Gruppe 47 ff.
Literatur 163

Manager-Unterstützung 140
Manipulation 73 ff., 76, 155
Marathon-Gruppe 13
Mary-Reynolds-Babcock-
 Stiftung 146
Massachusetts Institute of Technology (MIT) 10
Meador, Betty 127, 130
Meditation 157
Methode der Gruppenleitung 147 ff.
Minoritäten 142
Minutemen 156
Mutter-Tochter-Verhältnis 95 ff., 111 f.

Nachwirkung der Gruppenerfahrung 110 f.
National Education Association (NEA) 19
National Trainings Laboratories 10, 140
New York University 19

Organisationen 79, 140
Organisatorische Entwicklungs-Gruppen 12

Philosophie 50 f., 163
– der Gruppenleitung 147 ff.
Planung 62 f.
Potential, therapeutisches 50, 64
Psychodrama 63, 69, 151

Rassenbeziehungen 142
Rassenkonflikte 151
Rauschgiftsüchtige 13, 35, 73, 151, 157
Rogers Prozeß-Skala 127
Rollenspiel 63
»Rückfall«-Phänomen 45
Rückkoppelung, s. Feedback

Schädigungen, psychologische 131
Schuldgefühle 95 ff.

Schule 80, 126, 144
–, Ghetto-Schule 88 ff.
Schulverwaltung 79, 144
–, Umstrukturierung 145
Selbst, ungeliebtes 117
–, verborgenes 114 f.
Selbst-Akzeptierung 32 f., 116 ff., 124
Selbstbestimmung 124
Selbstenthüllung, s. Exploration
Selbsterkenntnis 120 ff.
Selbst-Kommunikation 127 ff.
Selbstkontrolle 141
Selbst-Konzept 85, 101
Selbstverantwortlichkeit 129
Selbstvertrauen 157
Selbstverwirklichung 119 ff., 124
Sensitivität 133
Sensitivitäts-Training 9, 12, 19, 156
Sexualität 66, 69 ff., 119
Shiel, Barbara 157
Sinnesbewußtheits-Gruppe 12, 67
Sinneswahrnehmung 67
Spannungen, intergruppale 142
–, internationale 143
–, interpersonale 142
Spiel 13, 67, 69
Spontaneität 12
Stang, Allan 19
Synanon 9, 13, 35, 73
Synanon-Gruppe 13

Team-Aufbau-Gruppe 12
The Review of the News 19
Toffler, A. 159 f.
»Training« 148
Training, kognitives 11
Trainings-Gruppe 9 f., 12, 124

Überflußgesellschaft 159 ff.
Unabhängigkeit, Kampf um 102 ff.
Universität 9, 144
University of California 80
University of Chicago, Counseling Center 11
University of Michigan 10
Unsicherheit 23
Untersuchung, empirische 127 ff.
–, phänomenologische 131 ff.

Veränderung 92 ff., 123 ff., 126
–, beginnende 32 f.
– der Beziehungen 78 f., 85 ff.
– in der Gruppe 43 f.
–, individuelle 77
– von Institutionen 160
–, organisatorische 79, 88 ff.
– der Person 92 ff.

. Wachstums-Zentren 125
Wahrnehmung 133

Wertvorstellungen 163
Western Behavioral Sciences Institute, La Jolla 124
Wochenend-Gruppen 151 ff.

Zahl der Gruppenteilnehmer 14, 151 ff.
Zeitraum der Gruppensitzung 13, 125
Zukunftsschock 160